***ACCESO GRATIS** a la Lectura en la Nube*

Para visualizar el libro electrónico en la nube de lectura envíe junto a su nombre y apellidos una fotografía del código de barras situado en la contraportada del libro y otra del ticket de compra a la dirección:

ebooktirant@tirant.com

En un máximo de 72 horas laborales le enviaremos el código de acceso con sus instrucciones.

La visualización del libro en **NUBE DE LECTURA** excluye los usos bibliotecarios y públicos que puedan poner el archivo electrónico a disposición de una comunidad de lectores. Se permite tan solo un uso individual y privado

LEY ORGÁNICA 5/2024, DE 11 DE NOVIEMBRE DEL DERECHO DE DEFENSA

Procedimiento de selección de originales, ver página web:
www.tirant.net/index.php/editorial/procedimiento-de-seleccion-de-originales

LEY ORGÁNICA 5/2024, DE 11 DE NOVIEMBRE DEL DERECHO DE DEFENSA

EDICIÓN ANOTADA Y CONCORDADA POR EL CONSEJO GENERAL DE LA ABOGACÍA ESPAÑOLA

tirant lo blanch
Valencia, 2025

En caso de erratas y actualizaciones, la Editorial Tirant lo Blanch publicará la pertinente corrección en la página web www.tirant.com.

EDITA: TIRANT LO BLANCH
C/ Artes Gráficas, 14 - 46010 - Valencia
TELFS.: 96/361 00 48 - 50
FAX: 96/369 41 51
Email: tlb@tirant.com
www.tirant.com
Librería virtual: www.tirant.es
DEPÓSITO LEGAL: V-4558-2024
ISBN: 978-84-1095-466-3

Si tiene alguna queja o sugerencia, envíenos un mail a: *atencioncliente@tirant.com*. En caso de no ser atendida su sugerencia, por favor, lea en *www.tirant.net/index.php/empresa/politicas-de-empresa* nuestro procedimiento de quejas.

Responsabilidad Social Corporativa: http://www.tirant.net/Docs/RSCTirant.pdf

Contenido

PRESENTACIÓN

Desde el Consejo General de la Abogacía Española dedicamos esta publicación a la Ley Orgánica del Derecho de Defensa. Con su publicación en el BOE el 14 de noviembre de 2024, la Abogacía Española alcanza un hito histórico fruto de una reclamación de años.

De años exigiéndola, de perseverancia y de vicisitudes. Reclamando la necesidad de su impulso, estuvo en la agenda de nuestros tres últimos Congresos Nacionales de la Abogacía celebrados hasta ahora (Vitoria 2015, Valladolid 2019 y Tarragona 2023). Pasó por hasta tres intentos de impulso legislativo, los dos primeros fallidos. Pero al fin, al igual que la judicatura y la fiscalía cuentan con sus propias leyes orgánicas, el Derecho de Defensa que salvaguarda la abogacía también la tiene ya, lo cual es un salto cualitativo muy importante.

No es, ni mucho menos, una ley cualquiera. Es una norma con el mayor rango jerárquico que, además, cose el derecho de defensa al Estado de derecho con tres refuerzos al máximo nivel de las garantías de defensa legal en España. El refuerzo, en primer lugar, de la propia protección jurídica, al ensanchase el marco de seguridad tanto de la ciudadanía en el ejercicio de su derecho a la defensa, como de los profesionales de la abogacía como garantes de la efectividad de dicho derecho. Un segundo refuerzo con lectura en clave constitucional, porque con esta ley se cierra el círculo de garantías constitucionales de la tutela judicial efectiva. Y un tercer refuerzo no menos relevante: el impulso de leyes pensadas para las personas y al servicio de la sociedad. Y esta sin duda lo es. No es una ley para la abogacía o sólo para la abogacía. Lo es además, y sobre todo, para la ciudadanía, para las personas a las que servimos y defendemos.

Una ley eminentemente social. Puede incluso que de las más sociales en democracia, porque poco hay más social que asegurar a las personas y a las sociedades un entorno de certidumbre legal en el que ejercer el resto de sus derechos desde uno de los más básicos, como es el acceso a la defensa jurídica y a la tutela judicial efectiva.

Y todo esto lo hemos logrado con paciencia, acción y convicción. También, gracias al trabajo de quienes nos precedieron, siendo decisiva —y así se lo agradeceremos siempre— la infatigable labor de nuestra presidenta Victoria Ortega, sin cuya visión y empeño seguramente nunca habríamos contado con esta ley.

Una ley que es fruto de un trabajo colectivo, de muchos y de años. Y que hemos logrado desde la unidad de la Abogacía, influyendo, persuadiendo y convenciendo de su oportunidad para mejorar las garantías constitucionales de la defensa jurídica. Ya está anclada en el BOE y podemos decir —creo que con orgullo— que somos la única abogacía de toda Europa que, gracias a nuestra constancia, cuenta en su ordenamiento con una ley de esta naturaleza.

Para la Abogacía Española, siguiendo su tradición democrática de defensa de los derechos y libertades en nuestro país, es un honor haber cualificado con esta ley la calidad de nuestro Estado de derecho.

Salvador González Martín
Presidente del Consejo General de la Abogacía Española

PRÓLOGO

En el año 2017, la Abogacía institucional emprendió la misión de coordinar esfuerzos para materializar un servicio público de Justicia más eficiente y cercano a la ciudadanía. Por la parte que nos correspondía, como CGAE, defendimos la Abogacía como una profesión gestora integral de conflictos. Por ello, pusimos el acento en la práctica transaccional, sin menoscabo de nuestra tradicional función procesal, reconociendo la necesidad de fomentar una nueva cultura del acuerdo en nuestra sociedad y el papel fundamental de Abogadas y Abogados en este marco. Algo fundamental para una sociedad que reclama soluciones.

Un profesional de la Abogacía excelente es aquel que, dentro del marco de la legalidad, no solo interpreta la ley, sino que la utiliza como herramienta para crear y ofrecer soluciones tangibles a los problemas reales de la ciudadanía. Esta visión nos ha impulsado a ser no solo defensores de derechos, sino también arquitectos de soluciones. Juntos, con vocación de servicio público, las abogadas y abogados trabajamos día a día en esta dirección y sentido. De esta visión y concepción de la Abogacía nació la Ley Orgánica del Derecho de Defensa.

El 4 de diciembre de 2024 marca un hito trascendental en la historia jurídica española con la entrada en vigor de una normativa, largamente esperada, que completa el círculo de garantías constitucionales de la tutela judicial efectiva, estableciendo un marco regulador integral para la protección de este derecho fundamental de la ciudadanía. La Ley Orgánica del Derecho de Defensa representa un avance significativo para el Estado de Derecho español. Sin lugar a dudas, constituye una pieza clave en la arquitectura constitucional de nuestro país y, por tanto, su alcance trasciende a la profesión, dado que es una norma que regula derechos de ciudadanía. Garantía constitucional de defensa.

La Ley posiciona a España como líder en Europa en materia de protección jurídica. Esta legislación pionera representa un hito sin precedentes en el panorama legal del continente. Si bien la Carta de Derechos Fundamentales de la Unión Europea, promulgada en Niza en el año 2000, consagra en sus artículos 6, 47 y 48 el derecho a la defensa y a una tutela judicial efectiva, ningún Estado miembro de la UE ha logrado desarrollar una ley integral de defensa comparable a la española.

La trascendencia de esta normativa se magnifica en el contexto global actual, donde se exige a los Estados un compromiso inquebrantable para fortalecer el Estado de Derecho y contrarrestar su potencial erosión. En este sentido, la ley española es un ejemplo de innovación jurídica, que establece un nuevo estándar en la salvaguarda de los derechos fundamentales de la ciudadanía. Esta legislación, por tanto, reafirma y desarrolla orgánicamente el compromiso con los valores democráticos y el Estado de Derecho contemplados en la Constitución. En un momento crucial para la defensa de estos principios a nivel mundial, la norma es un modelo a seguir para fortalecer los cimientos de sociedades democráticas.

La Abogacía española ha desempeñado un papel crucial en la configuración de esta ley, tanto en la elaboración de propuestas de texto articulado por la comisión del CGAE presidida por Francisco Caamaño y la comisión del Ministerio de Justicia presidida por Antonio Garrigues, así como, posteriormente, por su implicación en un proceso de participación democrática directa, a través de su XIII Congreso de la Abogacía, a partir de la ponencia, en este tema, de Jesús Remón. Este congreso deliberativo se centró en consensuar propuestas de enmienda al Proyecto de Ley ya en el Congreso de los Diputados, además de determinar las orientaciones para los órganos y organismos corporativos de la Abogacía durante los siguientes cuatro años (hasta 2027), de conformidad con el artículo 111 del nuevo Estatuto General de la Abogacía Española (EGAE).

El texto final de la Ley Orgánica del Derecho de Defensa en el que se han incluido igualmente parte de las enmiendas defendidas por la Abogacía, desarrolla el derecho a la defensa como un derecho fundamental indisponible, en el marco del derecho a la tutela judicial efectiva consagrado en el artículo 24 de la Constitución.

Para ello, y tomando en consideración la contribución del XII Congreso de la Abogacía al Legislador, el nuevo desarrollo orgánico no solo garantiza derechos fundamentales de la ciudadanía sino que también establece garantías profesionales.

La influencia del Congreso se manifiesta en diversos aspectos fundamentales de la ley. En materia de exclusividad de la defensa, igualmente abordando aspectos cruciales como la confidencialidad de las comunicaciones, el secreto profesional, la independencia y la libertad de expresión; y también la adopción de medidas que anticipan las mejoras urgentes hasta la nueva regulación de la Justicia Gratuita. Así aparecía en las propuestas cuarta, quinta, sexta y séptima aprobadas en el Congreso.

Del mismo modo, la ley contempla disposiciones innovadoras sobre la formación continua y especializada, así como sobre la aplicación de la inteligencia artificial en servicios legales, en sintonía con las propuestas primera, tercera, séptima, novena y décima.

Se destaca la importancia de la Formación Continua como pilar fundamental para el ejercicio del derecho de defensa de los ciudadanos, introduciendo un enfoque flexible en la Formación Especializada, estableciéndola como voluntaria y sin reserva de actividad.

En lo que respecta a la inteligencia artificial, la Propuesta 7 del Congreso planteaba que era urgente abordar su situación en relación con la prestación de servicios legales, y establecer un sello de control y calidad que garantice a los usuarios y a los profesionales la neutralidad tecnológica de las mismas y que no produzcan efectos contrarios a la deontología profesional y a los derechos de defensa de la ciudadanía. Es así que el Artículo 12.4 (Protección del derecho de defensa) de la Ley Orgánica contempla que "las personas tienen derecho a conocer con transparencia los criterios de inteligencia artificial empleados por las plataformas digitales, incluidas las que facilitan la elección de profesionales de la abogacía, sociedades de intermediación y cualesquiera otras entidades o instituciones que presten servicios jurídicos."

La ley lleva a cabo contribuciones trascendentales para el futuro de la excelencia profesional así como de la protección del derecho de defensa de la ciudadanía. En este sentido, regula "garantías de la institución colegial" debiendo destacar que es la primera vez que el derecho de amparo colegial es regulado por una norma orgánica.

Igualmente, "Garantías de protección de los titulares de derechos en su condición de clientes de servicios jurídicos" reforzando orgánicamente la función de supervisión de los Colegios de la abogacía para el correcto cumplimiento de los deberes deontológicos de los profesionales de la abogacía y, por tanto, el "escrupuloso respeto a los derechos de los consumidores y usuarios receptores de los servicios profesionales," garantizando un sistema transparente y accesible universalmente para la presentación de reclamaciones y quejas y el seguimiento y resolución de los expedientes, así como la ejecución y el cumplimiento de las medidas disciplinarias que se adopten.

Aparecen en el texto igualmente, "Garantías de las circulares deontológicas" que vienen a establecer la colegiación de interpretaciones y la uniformidad de criterios; y "Garantías de procedimiento en casos especiales" en las que se otorga un marco especial de autoridad al CGAE y Consejos Autonómicos en situaciones que conlleva seria repercusión para la profesión, implican consecuencias económicas significativas, o afectan a un amplio espectro de individuos.

Importancia significativa para la seguridad jurídica del litigante, que tiene la posibilidad del conocimiento previo del coste del proceso.

En definitiva, el nuevo marco normativo de la profesión, por tanto, representa un avance significativo en la consolidación del derecho de defensa, incorporando elementos clave propuestos por el Congreso de la Abogacía, y subrayando la importancia del histórico diálogo constructivo entre los Congresos de la Abogacía y el poder legislativo, conforme en su día demostró con las medidas de conciliación.

Solo queda ahora pendiente que todas las abogadas y abogados tomemos esta ley orgánica como propia y la defendamos como debemos, para ser la profesión legal de referencia de la ciudadanía hoy, y en el futuro.

La Abogacía ha demostrado su compromiso con una "cultura del acuerdo y la colegiación de esfuerzos", promoviendo el diálogo y entendimiento. Y ha sido escuchada.

Hoy la Abogacía se siente orgullosa porque la defensa nos identifica y nos explica.

Como sabiamente señala el Presidente Carlos Carnicer: "sin Defensa no hay Justicia y sin Justicia no hay Estado de Derecho".

Esta ley fortalece el derecho de defensa, consolidando los pilares fundamentales de nuestra democracia y nuestro Estado de Derecho. Hagámosla entre todas las abogadas y abogados realidad. La sociedad y la ciudadanía nos necesitan.

VICTORIA ORTEGA BENITO
ex Presidenta del Consejo General de la Abogacía Española

ABREVIATURAS

Art.	Artículo.
ATS	Auto del Tribunal Supremo
BOE	Boletín Oficial del Estado
CC	Código Civil, de 24 de julio de 1889
CD	Código Deontológico de la Abogacía
CE	Constitución Española, de 27 de diciembre de 1978
CEDH	Convenio de Roma para la Protección de los Derechos Humanos y de las Libertades Fundamentales, de 4 de noviembre de 1950, y Protocolos Adicionales
CGAE	Consejo General de la Abogacía Española
CGPJ	Consejo General del Poder Judicial
CP	Ley Orgánica 10/1995, de 23 de noviembre, del Código Penal
CPM	Ley Orgánica 13/1985, de 9 de diciembre, por la que se aprueba el Código Penal Militar
EGAE	Estatuto General de la Abogacía Española, aprobado por el Real Decreto 135/2021, de 2 de marzo.
EOMF	Estatuto Orgánico del Ministerio Fiscal
ET	Texto refundido de la Ley del Estatuto de los Trabajadores, aprobado por el Real Decreto Legislativo 2/2015, de 23 de octubre.
LCP	Ley 2/1974, de 13 de febrero, de Colegios Profesionales
LDC	Ley 15/2007, de 3 de julio, de Defensa de la Competencia
LAJG	Ley 1/1996, de 10 de enero, de asistencia jurídica gratuita
LEC	Ley 1/2000, de 7 de enero, de Enjuiciamiento Civil
LECrim	Real Decreto de 14 de septiembre de 1882, por el que se aprueba la Ley de Enjuiciamiento Criminal
LJCA	Ley 29/1998, de 13 de julio, reguladora de la Jurisdicción Contencioso-Administrativa
LO	Ley Orgánica
LODD	Ley Orgánica 5/2024, de 11 de noviembre, del Derecho de Defensa.
LOPIVI	Ley Orgánica 8/2021, de 4 de junio, de protección integral a la infancia y la adolescencia frente a la violencia
LOPJ	Ley Orgánica 6/1985, de 1 de julio, del Poder Judicial
LOPJM	Ley Orgánica 1/1996, de 15 de enero, de Protección Jurídica del Menor

LORPM	Ley Orgánica 5/2000 de 12 de enero, reguladora de la responsabilidad penal de los menores.
LOTC	Ley Orgánica 2/1979, de 3 de octubre, del Tribunal Constitucional
LRJS	Ley 36/2011, de 10 de octubre, reguladora de la jurisdicción social
RAJG	Reglamento de Asistencia Jurídica Gratuita
RD	Real Decreto
RPD	Reglamento del Procedimiento Disciplinario
RRI	Reglamento del Régimen Interior
RD-ley	Real Decreto Ley
RGPD	Reglamento (UE) 2016/679, del Parlamento Europeo y del Consejo, de 27 de abril de 2016 relativo a la protección de las personas físicas en lo que respecta al tratamiento de datos personales y a la libre circulación de estos datos y por el que se deroga la Directiva 95/46/CE (Reglamento general de protección de datos)
SAN	Sentencia de la Audiencia Nacional
STJUE	Sentencia del Tribunal de Justicia de las Comunidades Europeas (posterior a 2009)
STC	Sentencia del Tribunal Constitucional
STS	Sentencia del Tribunal Supremo
TC	Tribunal Constitucional
TEDH	Tribunal Europeo de Derechos Humanos
TFUE	Tratado de Funcionamiento de la Unión Europea
TJCE	Tribunal de Justicia de las Comunidades Europeas
TJUE	Tribunal de Justicia de la Unión Europea
TS	Tribunal Supremo
UE	Unión Europea

CAPÍTULO I
Disposiciones generales

Artículo 1. Objeto.

1. La presente ley orgánica tiene por objeto regular el derecho de defensa, reconocido en el artículo 24 de la Constitución Española como derecho fundamental indisponible.

2. Las leyes procesales desarrollarán el contenido del derecho de defensa en sus respectivos ámbitos.

Normativa: Art. 6 del CEDH. Art. 47 y 48 de la Carta Derechos Fundamentales de la UE. Art. 118 y siguientes y art. 520 y siguientes de la LECrim. Art. 229 de la LOPJ

Comentario: El art. 24 de la CE consagra el derecho fundamental a la tutela judicial efectiva, vinculándolo indisolublemente al derecho a la no indefensión o, en términos positivos, al derecho de defensa, como derecho igualmente fundamental, al ser ambos derechos dos caras de la misma moneda como corolario inherente al funcionamiento de un Estado de Derecho que tiene la Justicia como uno de valores superiores de su ordenamiento jurídico (art. 1.1 de la CE, y la dignidad de la persona como el centro del orden político (art. 10.1 de la CE. Además, el art. 119 de la CE, y el art. 545 de la LOPJ, dibujan el modelo definitorio del contenido del derecho de defensa y de la función del abogado o abogada, que se ha desarrollado por la jurisprudencia y doctrinal constitucional teniendo en cuenta los tratados internacionales ratificados por España, y la doctrina emanada del TEDH.

Asimismo, el CEDH, en su art. 6, y la Carta de Derechos Fundamentales de la UE en sus art. 47 y 48, recogen distintos aspectos relacionados con el contenido del derecho de defensa y la tutela judicial efectiva

No obstante, en ningún Estado miembro ni en Reino Unido existe una ley integral de defensa, ni existía en nuestro país hasta la fecha un desarrollo legal de este derecho fundamental, indispensable para el ejercicio de todos los demás derechos a través de un proceso debido.

La Ley establece las reglas generales de interpretación e integración en el ordenamiento jurídico de otras disposiciones específicas de cada jurisdicción, en particular la penal, que desarrollan a su vez el Derecho comunitario, entre otras la Directiva 2016/343 del Parlamento Europeo y del Consejo de 9 de marzo de 2016, por la que se refuerzan en el proceso penal determinados aspectos de la presunción de inocencia y el derecho a estar presente en el juicio; la Directiva 2012/13/UE del Parlamento Europeo y del Consejo, de 22 de mayo de 2012, relativa al derecho a la información en los procesos penales y la Directiva 2013/48/UE del Parlamento Europeo y del Consejo, de 22 de octubre de 2013, sobre el derecho a la asistencia de letrado en los procesos penales y en los procedimientos relativos a la orden de detención europea, y sobre el derecho a que se informe a un tercero en el momento de la privación de libertad y a comunicarse con terceros y con autoridades consulares durante la privación de libertad.

En todo caso, tal regulación deberá entenderse sin perjuicio de lo dispuesto en las leyes procesales, y particularmente previendo que la LECrim y restantes leyes procesales desarrollan el contenido del derecho de defensa en sus respectivos ámbitos.

De forma específica para las causas penales, el derecho de defensa integra, además, el derecho a ser informado de la acusación, a no declarar contra uno mismo, a no confesarse culpable, a la presunción de inocencia y a la doble instancia, de conformidad con la LECrim y la LOPJ y la Ley Orgánica 2/1989, de 13 de abril, Procesal Militar, y la LORPM. Estos derechos resultarán de aplicación al procedimiento administrativo sancionador y al procedimiento disciplinario de acuerdo con las leyes que los regulen.

Artículo 2. Ámbito de aplicación.

El derecho de defensa comprende el conjunto de facultades y garantías, reconocidas en el ordenamiento jurídico, que permiten a todas las personas, físicas y jurídicas, proteger y hacer valer, con arreglo a un procedimiento previamente establecido, sus derechos, libertades e intereses legítimos en cualquier tipo de controversia ante los tribunales y administraciones públicas, incluidas las diligencias de investigación del Ministerio Fiscal, o en los medios adecuados de solución de controversias regulados en la normativa de aplicación.

Normativa: Art. 773.2 de la LECrim. Art. 5 del EOMF.

Comentario: Se incluye dentro de su aplicación "las diligencias de investigación del Ministerio Fiscal", que complementa lo dispuesto en el art. 5 del EOMF, y el art. 773.2 de la LECrim. Es necesario garantizar a las personas físicas y jurídicas investigadas por el Ministerio Fiscal su derecho de defensa. Esto incluye entre otros aspectos, el derecho a ser informado inmediatamente del inicio de la investigación, el derecho a personarse en la investigación, a obtener copia completa de las diligencias, a la asistencia letrada, a presentar alegaciones, a proponer la práctica de diligencias, a ser informados del desarrollo de la investigación, y a poder estar presente, a través de la representación letrada, en la práctica de toda diligencia de investigación.

Quedan dentro de su ámbito de aplicación, los medios adecuados de solución de controversias. Supone un avance en cuanto a la doctrina constitucional sobre el arbitraje, que lo fundamentaba en la libertad como valor superior del ordenamiento jurídico y no en el derecho fundamental a la tutela judicial efectiva. (SSTC 174/1995 de 23 de noviembre) 176/1996 de 11 de noviembre, 9/2005 de 17 de enero; 1/2018 de 11 de enero, 17/2021 de 15 de febrero; 65/2021 de 15 de marzo; 50/2022 de 4 de abril).

Artículo 3. Contenido del derecho de defensa.

1. El derecho de defensa comprende la prestación de asistencia letrada o asesoramiento en Derecho y la defensa de los intereses legítimos de la persona a través de los procedimientos previstos legalmente, así como el asesoramiento previo al eventual inicio de estos procedimientos.

2. El derecho de defensa incluye, en todo caso, el derecho al libre acceso a los tribunales de justicia, a un proceso sin dilaciones indebidas, a que se dicte una resolución congruente y fundada en Derecho por la jueza o juez ordinario e imparcial predeterminado por la ley, así como a la invariabilidad de las resoluciones firmes y a su ejecución en sus propios términos. El derecho de defensa incluye, también, las facultades precisas para conocer y oponerse a las pretensiones que se formulen de contrario, para utilizar los medios de prueba pertinentes en apoyo de las propias y al acceso a un proceso público con todas las garantías, sin que, en ningún caso, pueda producirse situación alguna de indefensión.

3. En las causas penales, el derecho de defensa integra, además, el derecho a ser informado de la acusación, a no declarar contra uno mismo, a no confesarse culpable, a la presunción de

inocencia y a la doble instancia, de conformidad con la Ley de Enjuiciamiento Criminal, la Ley Orgánica 6/1985, de 1 de julio, del Poder Judicial, la Ley Orgánica 2/1989, de 13 de abril, Procesal Militar, y la Ley Orgánica 5/2000, de 12 de enero, reguladora de la responsabilidad penal de los menores. Estos derechos resultarán de aplicación al procedimiento administrativo sancionador y al procedimiento disciplinario, especialmente en el ámbito penitenciario, de acuerdo con las leyes que los regulen.

4. Las leyes procesales salvaguardarán el principio de igualdad procesal. En aras de la seguridad jurídica y del buen funcionamiento del servicio público de Justicia, el legislador podrá condicionar el acceso a la jurisdicción, a los medios de impugnación y a otros remedios de carácter jurisdiccional al cumplimiento de plazos o requisitos de procedibilidad, que habrán de ser suficientes para hacer efectivo el derecho de defensa y deberán estar inspirados por el principio de necesidad, sin que en ningún caso puedan generar indefensión.

5. La utilización de los medios electrónicos en la actividad de los tribunales y la Administración de Justicia, así como ante otras administraciones públicas, deberá ser accesible universalmente y compatible con el ejercicio efectivo del derecho de defensa en los términos previstos en las leyes. En los casos de funcionamiento anómalo o incorrecto de los mismos se deberán regular los procedimientos específicos que garanticen el derecho de defensa.

6. El ejercicio del derecho de defensa estará sujeto al procedimiento legalmente establecido. Cualquier duda sobre su interpretación y alcance se resolverá del modo más favorable al ejercicio del derecho. En particular, cualquier trámite de audiencia debe convocarse con un plazo de antelación razonable, y se reconoce a los jueces y tribunales, así como a los órganos administrativos, que puedan ampliar motivadamente los plazos señalados, salvaguardando la igualdad de armas entre las partes.

7. Los principios establecidos en este artículo resultarán aplicables, con sus especificaciones propias, al derecho de defensa cuando se ejercite una acción, petición o controversia ante las administraciones públicas, en procedimientos arbitrales o, en su

caso, cuando se opte por un medio adecuado de solución de controversias.

Apartado 1.

Normativa: Art. 6.2 de la LODD.

Comentario: El asesoramiento previo es una garantía de los derechos de los ciudadanos como titulares del derecho de defensa, por lo que es preciso exigir al profesional de la Abogacía que facilite previamente al interesado la información necesaria para poder tomar decisiones que pueden afectar de forma relevante a su esfera jurídica y personal. Se desarrolla en el art. 6.2 de esta norma.

Apartado 5.

Normativa: RD-ley 6/2023, de 19 de diciembre, por el que se aprueban medidas urgentes para la ejecución del Plan de Recuperación, Transformación y Resiliencia en materia de servicio público de justicia. Arts. 1 a 100.

Comentario: El uso de medios electrónicos en los procedimientos judiciales y administrativos no puede suponer de ninguna forma el menoscabo del derecho de defensa. En esta materia habrá que estar a lo dispuesto en el Real Decreto-ley 6/2023, de 19 de diciembre, por el que se aprueban medidas urgentes para la ejecución del Plan de Recuperación, Transformación y Resiliencia en materia de servicio público de justicia, función pública, régimen local y mecenazgo, que deroga expresamente la anterior regulación contenida en la Ley 18/2011 de 5 de julio. En especial hemos de hacer referencia al contenido del Libro I Medidas de Eficiencia Digital y Procesal del Servicio Público de Justicia, art. 1 a 100 de forma especial.

Apartado 6.

Comentario: Se da amparo legal a la facultad/potestad por parte de los órganos administrativos y judiciales de ampliar los plazos previstos en las normas aplicables en los procedimientos administrativos y judiciales especialmente complejos (teniendo en cuenta tanto el volumen de actuaciones, así como el número de partes personadas). Esta posibilidad ha de ser siempre motivada y, además, ha de salvaguardar la igualdad de armas entre las partes.

Además, se pone de relieve que cualquier trámite de audiencia debe convocarse con un plazo de antelación razonable.

Ha de salvaguardarse, en todo caso, de acuerdo con lo que dispone el artículo 14.4 de la propia ley, el derecho a la conciliación de los profesionales.

CAPÍTULO II
Derecho de defensa de las personas

Artículo 4. Derecho a la asistencia jurídica.

1. Las personas físicas y jurídicas tienen derecho a recibir la asistencia jurídica adecuada para el ejercicio de su derecho de defensa. El derecho a recibir la asistencia jurídica eficaz que garantiza este precepto incluye también la procedencia de efectuar o solicitar las adaptaciones precisas para garantizar el derecho de accesibilidad cognitiva, de las personas con discapacidad intelectual y del desarrollo, al proceso legal en el que participen, requiriendo la utilización de los medios técnicos, humanos o profesionales para asegurar la efectividad de este derecho.

2. La prestación de la asistencia jurídica para el ejercicio del derecho de defensa corresponde al profesional de la abogacía, de conformidad con lo dispuesto en las leyes y en los estatutos profesionales correspondientes.

3. Toda persona puede defenderse por sí misma y renunciar a la asistencia jurídica profesional en los casos en que la ley lo prevea expresamente.

4. Las personas que acrediten insuficiencia de recursos tendrán derecho a la asistencia jurídica gratuita en los casos y términos establecidos en la Constitución Española y las leyes, que determinarán, asimismo, los supuestos en los que esta deba extenderse a personas en situaciones de especial vulnerabilidad y en otras situaciones reconocidas legalmente. La asistencia jurídica será siempre accesible universalmente para asegurar el cumplimiento del derecho de defensa en igualdad de condiciones. Se tendrá en especial consideración la accesibilidad de las personas con discapacidad, particularmente las necesidades específicas de las mujeres y los menores con discapacidad.

Una ley regulará las funciones de los profesionales del turno de oficio en el servicio público de asistencia jurídica gratuita.

5. La designación, sustitución, renuncia y cese del profesional de la abogacía designado por turno de oficio se regirá, en todo caso, por lo dispuesto en las normas especiales.

6. La asistencia jurídica será siempre accesible universalmente para asegurar el cumplimiento del derecho de defensa en igualdad de condiciones para todas las personas.

7. La asistencia jurídica letrada del Estado y las instituciones públicas se regirá por su normativa de aplicación y esta ley orgánica.

8. En el caso de menores de edad, la asistencia jurídica deberá velar por el posible conflicto de intereses con los representantes legales, solicitando la designación de un defensor judicial en su caso.

Apartado 1.

Normativa: Art. 7 bis de la LEC y art. 7 bis Ley 15/2015, de Jurisdicción Voluntaria.

Comentario: La preocupación por las personas con discapacidad intelectual y del desarrollo es una constante en la abogacía institucional que, a fin de garantizar su tutela judicial efectiva en igualdad de condiciones con el resto de la ciudadanía, creo la Subcomisión sobre discapacidad dentro de la Comisión de Asistencia Jurídica Gratuita y Función Social de la Abogacía. Se han suscrito, con ese mismo fin, convenios con las más importantes organizaciones encargadas de la discapacidad, siempre con la vista puesta en garantizar una mayor seguridad jurídica y una plena accesibilidad a la justicia para este colectivo.

La previsión normativa que se contiene en este apartado 1 viene a reforzar estos trabajos, centrados muy singularmente en la figura del facilitador procesal del art. 7 bis de la LEC y del art. 7 bis de la Ley de Jurisdicción Voluntaria en la redacción dadas por de la Ley 8/2021, de 2 de junio, por la que se reforma la jurisdicción civil y procesal para el apoyo a las personas con discapacidad en el ejercicio de su capacidad jurídica.

Apartado 2.

Normativa: Art. 24 de la CE. Art. 542 de la LOPJ. Art. 4 del EGAE.

Comentario: Se recoge de manera clara y precisa que la titularidad del derecho a la asistencia jurídica corresponde al profesional de la abogacía, pero no de manera exclusiva, lo que permitirá a los funcionarios públicos comparecer por sí mismos (art. 23.3 de la LJCA) y a los Abogados del Estado y demás Letrados de la Administración defender a ésta (art. 551 LOPJ).

Con la eliminación del término "en exclusiva" que aparecía en el anteproyecto se ha perdido una gran oportunidad de evitar los casos de intrusismo y con ello, ofrecer la mejor protección del derecho de defensa de la ciudadanía.

En la STS de la Sala Segunda, de 10 de noviembre de 1990, ponente Sr. Vives Marzal, se realiza una definición de "abogado", definición que, a día de hoy, se mantiene vigente:

"Abogado, es aquella persona que, en posesión del título de Licenciado en Derecho, previa pasantía, o sin ella, previo curso en Escuela de Práctica Jurídica, o sin él, se incorpora a un Colegio de Abogados y, en despacho propio o compartido, efectúa, los actos propios de esa profesión, tales como consultas, consejos y asesoramiento, arbitrajes de equidad o de Derecho, conciliaciones, acuerdos y transacciones, elaboración de dictámenes, redacción de contratos y otros actos jurídicos en documentos privados, práctica de particiones de bienes, ejercicio de acciones de toda índole ante las diferentes ramas jurisdiccionales, y, en general, defensa de intereses ajenos, judicial o extrajudicialmente, hallándose, sus funciones y régimen interno, regulados por el Estatuto de la Abogacía aprobado mediante Real Decreto de 14 de julio de 1982, el cual define a la Abogacía, como profesión libre e independiente, institución consagrada, en orden a la Justicia, al consejo, a la concordia y a la defensa de los intereses públicos y privados mediante la aplicación de técnicas jurídicas, aplicación, ésta, reservada a los Abogados —artículo 8— a quienes corresponde, de forma exclusiva y excluyente, la protección de todos los intereses que sean susceptibles de defensa jurídica, determinando que, son Abogados, quienes, incorporados a un Colegio, en calidad de ejercientes, se dedican, con despacho profesional, a la defensa de intereses jurídicos ajenos".

Apartado 3.

Normativa: Art. 31.2 de la LEC. Art. 967 de la LECrim. Art. 21 de la LRJS. Art. 23.3 LJCA.

Comentario: A la norma general anterior, se establece la excepción de la autodefensa con renuncia a la asistencia jurídica profesional.

STC 143/2001, de 18 de junio sobre vulneración del derecho a la defensa: denunciado en un juicio de faltas, que optó por defenderse a sí mismo sin Abogado, a quien no se permitió interrogar ni al denunciante ni a los testigos.

Apartado 4.

Normativa: Art. 119 de la CE y 30 y siguientes del EGAE y de la LAJG.

Comentario: Se establece el reconocimiento del derecho a litigar gratuitamente no solo por razones económicas, por la insuficiencia de recursos, sino también para aquellas personas en situaciones de especial vulnerabilidad, cuando así se considere por la ley.

En las VIII Jornadas de Asistencia Jurídica Gratuita de la Abogacía celebradas en Valladolid, el día 19 de abril de 2024, entre otras, se concluyó que es necesaria *"La ampliación a determinados sectores de población de los servicios de asesoramiento jurídico inicial y gratuito, que igualmente asumiría la Abogacía a través de los Colegios y del CGAE: asesoramiento integral a la mujer ante cualquier supuesto de violencia, asistencia y orientación jurídica a presos, y asesoramiento y orientación jurídica a inmigrantes y supuestos de protección internacional. Este asesoramiento no comportaría la asunción de gestiones judiciales ni extrajudiciales".*

Otra de las conclusiones de las citadas jornadas fue "*Será el Estatuto General de la Abogacía, y el de la Procura en su caso, el que regule el régimen disciplinario aplicable a los profesionales de la abogacía y la procura, respectivamente, en su intervención en asuntos en turno de oficio con asistencia jurídica gratuita, debiendo limitarse la Ley a una remisión genérica a aquél*". Además, debe destacarse que desde la Abogacía siempre se ha defendido que no debe diferenciarse entre un cliente/a de oficio y uno particular, siendo las funciones del profesional de la abogacía iguales en ambos casos.

Apartado 5.

Normativa: Art. 6, 21, 21 bis y 28 de la LAJG.

Comentario: La LAJG establece la manera de realizar las citadas acciones de designación, sustitución, renuncia y cese de los abogados y abogadas de oficio. No obstante, desde la Abogacía se lleva solicitando desde hace tiempo una reforma y actualización de la actual LAJG, introduciéndose criterios concretos y unificados de estas cuestiones. Así y en concreto otras de las conclusiones de las referidas Jornadas de Valladolid fueron:

- *"Las excusas deben poderse plantear en todos los órdenes jurisdiccionales, y solo podrán ser planteadas por los profesionales de la abogacía y la procura, sin que pueda solicitar el beneficiario el cambio en la designación de profesionales".*
- *"El dies a quo para el cómputo del plazo para poder plantear la insostenibilidad de la pretensión debe ser el de la entrevista con el beneficiario y obtención de la documentación precisa".*

Apartado 6.

Normativa: Art. 119 y 30 y siguientes del EGAE y la LAJG.

Comentario: Nuestro actual sistema establecido en la LAJG permite que la asistencia jurídica sea prestada a la mayor parte de la ciudadanía, pero tal y como se ha dicho en el apartado 4, es necesario que el reconocimiento de justicia gratuita se extienda a aquellas personas en situaciones de especial vulnerabilidad.

Apartado 8.

Comentario: En relación con el apartado 8, cabe recordar que, en el ámbito del derecho del menor, el conflicto de intereses puede darse porque los representantes legales del menor pueden tener intereses contrapuestos a los suyos. Además, en el ámbito penal se imponen medidas socio educadoras y medidas sancionadoras, lo que, en sí mismo, provoca una contradicción a menudo para la defensa. Por una parte, interesa al orden público y a la educación del menor la imposición de la medida correctora y, por otra, el menor ha de ser defendido de la imposición de un castigo. Se trata de un debate en el que lo que subyace es la necesidad de determinar, en cada caso, qué es lo mejor para el menor enjuiciado.

Estas particularidades han llevado al legislador a contemplar esta posibilidad en aras a garantizar que ese conflicto de intereses se resuelve siempre en interés del menor, entendido como un bien superior.

En este sentido la Ley Orgánica 1/1996, de 15 de enero, de protección jurídica del menor, de modificación parcial del Código Civil y de la Ley de Enjuiciamiento Civil ya contemplaba en su art. 9 el derecho del menor a ser oído y escuchado.

Igualmente, esta misma ley identifica como una situación de desamparo el conflicto de intereses del menor con los progenitores, tutores o guardadores (art. 18).

Por otra parte, la Ley Orgánica 8/2021, de 4 de junio, de protección integral a la infancia y la adolescencia frente a la violencia contiene en su art. 13 una presunción, al determinar que, "en el caso de los niños, niñas o adolescentes bajo la guarda y/o tutela de una entidad pública de protección que denuncian a ésta o al personal a su servicio por haber ejercido violencia contra ellos, se entenderá, en todo caso, que existe un conflicto de intereses entre el niño y su tutor o guardador".

Artículo 5. Derecho a la elección, renuncia y sustitución en la asistencia jurídica.

1. Todas las personas tienen derecho a elegir libremente al profesional de la abogacía que vaya a asistirle en su defensa, así como a prescindir de sus servicios, sin perjuicio de las excepciones que puedan prever las leyes por razones justificadas.

2. Cuando se ejerza el derecho de sustitución del profesional que tenga atribuida la defensa, se adoptarán las medidas oportunas para asegurar que el profesional que asume la defensa tenga acceso a toda la información que estime adecuada para el ejercicio del derecho de defensa.

Normativa: Art. 60 del EGAE; Art. 8.1 y 2 del CD. Art. 125.l, 126.d del EGAE.

Comentario: El derecho de defensa comprende el derecho a la elección, renuncia y sustitución en la asistencia jurídica. Así todas las personas tienes derecho a elegir libremente al profesional que vaya a asistirle en su defensa, así como a prescindir de sus servicios, sin perjuicio de las excepciones que puedan prever las leyes por razones justificadas.

Con base en la libertad de elección del profesional de la abogacía habrá de tenerse siempre en cuenta el carácter personal del encargo realizado por el justiciable a favor de un abogado o abogada concreta, intentando evitar las sustituciones para garantizar el derecho de defensa del asistido. A tal efecto, el art. 14.4 de la

LODD, en consonancia con el RD-L 5/2023 introduce importantes modificaciones en materia de conciliación y suspensión de actuaciones.

Cuando se ejerza el derecho de sustitución del profesional que tenga atribuida la defensa, se adoptarán las medidas oportunas para asegurar que el profesional que asume la defensa tenga acceso a la información estratégica procedimental pertinente para el adecuado ejercicio de derecho a la defensa.

Actualmente la sustitución se encuentra regulada en el art. 60 del EGAE y el art. 8.1 y 2 del CD hay que acreditar haber recibido el encargo, siendo una infracción grave su incumplimiento. Debe ser comunicada inmediatamente se acepte el encargo y antes de iniciar cualquier actuación, todo en aras de la buena práctica profesional. Se deberá acusar recibo de la comunicación a la mayor brevedad poniendo a disposición la información y documentación que obrare en su poder, así como todos datos e información necesaria. Asimismo, es infracción no atender con la debida diligencia a otras profesionales de la abogacía (art. 125 y 126 EGAE).

Artículo 6. Derecho de información.

1. Los titulares del derecho de defensa tienen derecho a ser informados de manera clara, simple, comprensible y accesible universalmente de los procedimientos legalmente previstos para defender sus derechos e intereses ante los poderes públicos. Para garantizar la accesibilidad de las personas con discapacidad o de cualquier persona que así lo requiera, podrán utilizarse los apoyos, instrumentos y ajustes que resulten precisos. En el caso de menores de edad, deben adaptarse los mecanismos existentes para que la información sea adecuada a su edad, madurez e idioma.

Asimismo, los titulares del derecho de defensa tienen derecho a acceder al expediente y a conocer el contenido y estado de los procedimientos en los que sean parte, de acuerdo con lo dispuesto en las leyes.

2. Los titulares del derecho de defensa tienen derecho a ser informados de manera simple y accesible por el profesional de la abogacía que asuma su defensa, sobre los siguientes aspectos:

a) La gravedad del conflicto para los intereses y derechos afectados, la viabilidad de la pretensión que se deduzca y la oportunidad, en su caso, de acudir a medios adecuados de solución de controversias.

b) Las estrategias procesales más adecuadas.

c) El estado del asunto en que esté interviniendo y las incidencias y resoluciones relevantes que se produzcan.

d) Los costos generales del proceso y el procedimiento para la fijación de los honorarios profesionales.

e) Las consecuencias de una eventual condena en costas, a cuyo efecto los colegios de la abogacía podrán elaborar y publicar criterios orientativos, objetivos y transparentes, que permitan cuantificar y calcular el importe razonable de los honorarios a los solos efectos de su inclusión en una tasación de costas o en una jura de cuentas. Tanto los profesionales de la abogacía como los titulares del derecho de defensa tienen derecho al acceso a dichos criterios.

f) Los que se deriven del encargo profesional, de las leyes, así como de cualesquiera otras obligaciones accesorias o inherentes al ejercicio de la abogacía.

g) La posibilidad de solicitar el reconocimiento del derecho a la asistencia jurídica gratuita en los términos previstos en la ley.

h) La identidad del profesional de la abogacía, mediante su número de colegiado y colegio de abogacía de pertenencia.

3. En el ámbito judicial, el Consejo General del Poder Judicial, la Fiscalía General del Estado, el Ministerio de la Presidencia, Justicia y Relaciones con las Cortes y las comunidades autónomas con competencias en la materia ofrecerán información básica sobre las características y requisitos generales de los distintos procedimientos judiciales, así como para que las personas puedan formular solicitudes y reclamaciones y ejercer acciones o interponer recursos en defensa de sus derechos e intereses legítimos.

4. En el ejercicio del derecho de defensa ante los tribunales, se podrá, con auxilio judicial, requerir a personas, administracio-

nes públicas o instituciones privadas, la información o documentos que se precisen en los casos, por los procedimientos y con las limitaciones establecidas por la ley. En todo caso, se garantizará el acceso, examen y copia de los elementos de las actuaciones y cualesquiera otros materiales de interés para fundamentar las pretensiones, asegurando su disponibilidad con una antelación razonable.

5. En el ámbito judicial, el Ministerio con competencias en materia de Justicia, las comunidades autónomas con competencia en esta materia y el Consejo General del Poder Judicial garantizarán que el uso de medios técnicos o informáticos en el proceso judicial no suponga una dificultad para garantizar la efectividad y certeza del derecho de información, especialmente en personas de la tercera edad o con discapacidad, asegurando que la brecha digital no condicione la efectividad de este derecho.

Apartado 1.

Normativa: Art. 5.2.g) del RD-ley 6/2023. Art. 10 de la LOPIVI. Arts. 17, 36 y 39 de la LORPM.

Comentario: Al regular el derecho que los titulares del derecho fundamental de defensa tienen a ser informados, la nueva Ley Orgánica exige que esa información sea "*simple, comprensible y accesible universalmente*".

Esa exigencia, en el caso de los menores de edad, determina que la comunicación se adapte "*a los mecanismos existentes para que la información sea adecuada a su edad, madurez e idioma*".

El artículo tiene su antecedente normativo en la LOPIVI, que en su art. 10 regula el derecho de información y asesoramiento.

Anteriormente, la LOPJM, de modificación parcial del CC y de la LEC, se ocupó de este tema en su art. 9.

En igual sentido, el artículo 17 de la LORPM, obliga a autoridades y funcionarios que intervengan en la detención de un menor.

Esta misma ley exige en todo lo relativo al menor —conformidad, sentencia— un lenguaje claro y adaptado a la edad de éste, que le permita la comprensión de lo que sucede (arts. 36 y 39).

Apartado 2.

Normativa: Arts. 48 y 125.c del EGAE. Art. 12.B del CD. Letra e) Disposición Adicional Cuarta. LCP.

Comentario: Es indudable que para garantizar los derechos de la ciudadanía, como titulares del derecho de defensa, es preciso exigir al profesional de la Abogacía que facilite previamente a su cliente/clienta la información necesaria para poder tomar decisiones que pueden afectar de forma muy relevante a su esfera jurídica y personal; siendo también muy importante para garantizar la calidad de la defensa que los letrados y letradas mantengan al titular del derecho de defensa plenamente informado del desarrollo de los procedimientos.

La Abogacía siempre ha sido plenamente consciente de la importancia de lo anteriormente expuesto y, por ello, este derecho de información se recoge tanto en el EGAE (art. 48) como en el CD (art. 12.B) con un contenido muy similar al que se ha establecido en esta norma que ahora se estudia. Es más, en el citado texto estatutario se tipifica como infracción grave el incumplimiento por parte de los abogados y abogadas de este deber (art. 125.c).

Apartados 3 y 4.

Normativa: Carta de los derechos de los ciudadanos ante la Justicia, aprobada por unanimidad por el Pleno del Congreso de los Diputados el 16 de abril de 2002; LOPIVI; LOPJM; LORPM; Código Buenas Prácticas en la Administración de Justicia.

Comentario: La Carta de derechos de los ciudadanos ante la Justicia desarrolló los principios de transparencia, información y atención adecuada, destacando la importancia de conseguir una administración de justicia responsable ante los ciudadanos, quienes podrán formular quejas y sugerencias sobre su funcionamiento y exigir, en caso necesario, las reparaciones a que hubiera lugar.

Estos apartados establecen además que el CGPJ, la FGE, el Ministerio de Presidencia, Justicia y Relaciones con las Cortes y las Comunidades Autónomas con competencias en la materia, en el ejercicio del derecho de defensa ante los tribunales, ofrecerán Información básica sobre las características y requisitos generales de los distintos procedimientos judiciales, así como para que las personas puedan formular solicitudes, reclamaciones, ejercer acciones o interponer recursos en defensa de sus derechos e intereses legítimos; y, los titulares del derecho de defensa podrán, "con auxilio judicial" requerir a personas, Administraciones Públicas o instituciones privadas, la información o documentos que se precisen en los casos, por los procedimientos y con las limitaciones establecidas por la ley. También desarrolla el derecho al reconocimiento y ejercicio de las acciones que legalmente procedan frente a las vulneraciones de derechos fundamentales imputables a los poderes públicos.

El Código Buenas Prácticas en la Administración de Justicia, elaborado por el CGAE, consciente de que las relaciones entre jueces y juezas, fiscales, letrados y letradas de la Administración de Justicia debían contar con unas reglas orientativas que establecieran unas pautas claras, tanto en sala como fuera de ella, ofreciendo soluciones y actitudes que mejoren la imagen y eficacia de la administración de justicia en beneficio principalmente del ciudadano que se ve incurso en un proceso judicial. Su finalidad es la de convertirse en un texto integrador y complementario para la actividad cotidiana de dichos funcionarios y profesionales, que además sirva de impulso para la formalización de protocolos o guías prácticas sobre escritos, informes orales y actuaciones judiciales.

En cuanto a la magistratura hay que garantizar la efectividad de la Carta de derechos de los ciudadanos ante la Justicia, en especial la consecución de una justicia atenta, responsable y comprensible, y en el ámbito de sus competencias, el cumplimiento de lo previsto en las leyes procesales y reglamentos del CGPJ. Igualmente garantizarán el derecho de las partes y de los profesionales intervinientes en el proceso judicial a expresarse oralmente y por escrito en cualquiera de las lenguas cooficiales propias de la Comunidad Autónoma en cuyo territorio tengan lugar las actuaciones judiciales, sin que el desconocimiento o el conocimiento incompleto de alguna de dichas lenguas por parte de los Jueces y Juezas pueda plantearse como medida disuasoria para el ejercicio de los derechos lingüísticos amparados por las leyes.

Por otro lado, los Fiscales deberán actuar con los mismos principios superiores que representan los valores de igualdad, imparcialidad, eficacia, transparencia y respeto inculcados en la Constitución, bajo el principio de que el respeto a la profesión de la Abogacía garantiza la igualdad de los intervinientes en el proceso. Se abstendrán de utilizar la información a la que tengan acceso durante el ejercicio de su función para sus propios intereses o de terceras personas. Y, como garantes del derecho de defensa, el Ministerio Fiscal velará por que se haga la entrega efectiva a la letrada o letrado defensor de una copia del atestado, teniendo acceso a la totalidad de las actuaciones.

Los letrados y letradas de la Administración de Justicia dispensarán a los profesionales de la Abogacía, en cualquier situación o circunstancia y en las resoluciones judiciales que dicten, las debidas reglas de corrección y respeto. Y garantizarán, en el ámbito de sus competencias, el cumplimiento de lo previsto en las leyes procesales sobre la accesibilidad a las actuaciones judiciales y al expediente electrónico a quienes tengan interés legítimo y a quienes representen y defiendan sus intereses.

Artículo 7. Derecho a ser oídas.

1. Las personas cuyos derechos e intereses legítimos pudieran resultar afectados por la decisión que se adopte tienen derecho, antes de que se dicte la resolución, a ser oídas, a formular alegaciones, a aportar documentos y a utilizar los medios de defensa admitidos por el ordenamiento jurídico, de acuerdo con la normativa aplicable al procedimiento.

Cuando se trate de menores, tienen derecho a ser oídos en cualquier procedimiento administrativo, judicial o de mediación en que estén afectados en los términos y con las garantías del artículo 9 de la Ley Orgánica 1/1996, de 15 de enero, de Protección Jurídica del Menor, de modificación parcial del Código Civil y de la Ley de Enjuiciamiento Civil.

2. En el ámbito judicial, las leyes procesales podrán excluir la audiencia para adoptar decisiones provisionales en casos de urgencia, sin perjuicio de asegurar la intervención de todas las partes en un momento inmediatamente posterior para ratificar o levantar la medida.

Normativa: Art. 3.1 e y art. 11 de la LOPIVI.

Comentario: Este artículo reconoce el derecho a ser oídas que tienen las personas cuyos derechos e intereses legítimos puedan resultar afectados por la decisión que se adopte.

Apartado 1.

Se refiere expresamente al derecho a ser oídos de las personas menores "*en cualquier procedimiento administrativo, judicial o de mediación en que estén afectados en los términos y con las garantías del art. 9 de la Ley Orgánica 1/1996, de 15 de enero, de Protección Jurídica del Menor, de modificación parcial del Código Civil y de la Ley de Enjuiciamiento Civil*".

En este sentido, se recuerda que la LOPIVI recoge entre sus fines el de "*reforzar el ejercicio del derecho de los niños, niñas y adolescentes a ser oídos, escuchados y a que sus opiniones sean tenidas en cuenta debidamente en contextos de violencia contra ellos, asegurando su protección y evitando su victimización secundaria*" (art. 3.e). Además, esta ley dispone que el derecho ser oídos de los niños, niñas y adolescentes solo podrá restringirse, de manera motivada, cuando sea contrario a su interés superior (art. 11).

Apartado 2.

Se trata de una medida extraordinaria que el órgano judicial ha de justificar debidamente: la supresión de la audiencia sólo puede estar basada en razones de urgencia y, en todo caso, debe tener un carácter provisional. El desarrollo de este apartado por las leyes procesales de referencia deberá ser objeto del oportuno control para garantizar que la excepcionalidad de la medida está justificada.

Artículo 8. Derecho a la calidad de la asistencia jurídica.

El derecho de defensa comprende la prestación de asistencia letrada o asesoramiento en Derecho y la defensa en juicio, que garanticen la calidad y accesibilidad del servicio. Para ello, los profesionales de la abogacía seguirán una formación legal continua y especializada según los casos.

Normativa: Art. 65 y 66 del EGAE.

Este precepto establece que los abogados deben ofrecer una asistencia jurídica de alta calidad tanto en la prestación de asistencia letrada como asesoramiento en Derecho y la defensa en juicio, lo que se obtendrá en base a una formación legal continua y especializada.

Comentario: Desde la perspectiva del abogado/a, esta calidad exige un compromiso con programas de capacitación y especialización, lo que agrega una dimensión de formación obligatoria que impacta tanto en su tiempo como en los recursos invertidos.

Por otro lado, los colegios de la abogacía y las instituciones de formación tienen un papel fundamental para ofrecer y facilitar el acceso a programas que ayuden a los profesionales de la abogacía a cumplir con esta obligación legal de formación continua, asegurando que estén bien preparados para los cambios normativos y las cada vez más exigentes demandas del ejercicio profesional.

En resumen, este artículo impulsa a los abogados y a las abogadas hacia una práctica más profesionalizada, asegurando que su conocimiento y habilidades estén actualizados y sean adecuados para brindar una asistencia jurídica de calidad, que beneficie tanto a los clientes como a la Administración de Justicia en general.

La formación continua se encuentra expresamente regulada en el art. 64 del EGAE, al disponer que "los profesionales de la abogacía tienen el derecho y el deber de seguir una formación continuada que les capacite permanentemente para el correcto ejercicio de su actividad profesional, atribuyendo en su apartado 2 a los Colegios de la Abogacía, a través de sus escuelas de práctica jurídica este cometido. También podrán organizar este tipo de actividades conjuntamente con otras organizaciones públicas o privadas, en especial las Universidades.

La especialización en la Abogacía se encuentra expresamente regulada en el art. 65 del EGAE en sus apartados 1 y 2.

Ya existen en nuestro ordenamiento jurídico normas que exigen o se refieren expresamente a esta formación específica de los profesionales de la abogacía en distintas materias o jurisdicciones; así:

– Ley Orgánica 1/2004 de 28 de diciembre de Medidas de protección integral contra la Violencia de Género en su art. 20.3 prevé que los Colegios de la Abogacía, "*cuando exijan para el ejercicio del turno de oficio cursos de especialización, asegurarán una formación específica que coadyuve al ejercicio profesional de una defensa eficaz en materia de violencia de género*"

– La LORPM, en su disposición final cuarta, apartado 1, sobre especialización de Jueces, fiscales y abogados, establece que el Consejo General de la Abogacía deberá *adoptar las disposiciones oportunas para que en los colegios en los que resulte necesario se impartan cursos homologados para la formación de aquellos letrados que deseen adquirir la especialización en materia de menores a fin de intervenir ante los órganos de esta jurisdicción.*

– La Ley 8/2021, de 2 de junio, por la que se reforma la legislación civil y procesal para el apoyo a las personas con discapacidad en el ejercicio de su capacidad jurídica, prevé en su disposición adicional segunda, sobre la formación en medidas de apoyo a las personas con discapacidad para el ejercicio de su capacidad jurídica, que los Colegios de Abogados impulsarán la formación y sensibilización de sus colegiados en las medidas de apoyo a las personas con discapacidad para el ejercicio de su capacidad jurídica.

– Ley Orgánica 10/2022, de 6 de septiembre, de garantía integral de la libertad sexual, que en su art. 28 garantiza una formación adecuada, periódica y gratuita de los letrados y procuradores encargados de asistir a víctimas de violencias sexuales, en materia de igualdad, perspectiva de género y protección integral contra todas las violencias sexuales, y prevé que los Colegios de la Abogacía, exigirán para el ejercicio del turno de oficio cursos de especialización en violencia de género que incluirán como línea de formación una específica en violencias sexuales.

– Los Colegios de la Abogacía en sus respectivos Reglamentos de Régimen Interior establecen los criterios propios para el acceso a los distintos turnos de oficio.

Artículo 9. Derecho a un lenguaje claro en los actos, resoluciones y comunicaciones procesales.

1. Los actos y comunicaciones procesales se redactarán en lenguaje claro, de manera sencilla y accesible universalmente, de forma que permitan conocer a sus destinatarios el objeto y consecuencias del acto procesal comunicado.

2. Las resoluciones judiciales, las del Ministerio Fiscal y las dictadas por los letrados de la Administración de Justicia estarán redactadas en un lenguaje claro, de manera sencilla y comprensible, de forma que puedan ser comprendidas por su destinatario, teniendo en cuenta sus características personales y necesidades concretas, sin perjuicio de la necesidad de utilizar el lenguaje técnico-jurídico para garantizar la precisión y calidad de aquellas. En el caso de personas con discapacidad con dificultades de comprensión, para la adaptación de oficio de actos de comunicación y de resoluciones judiciales las Administraciones de Justicia correspondientes utilizarán los medios o metodologías que mejor se adapten a las necesidades de la persona.

3. El lenguaje se adaptará específicamente para menores de edad cuando sean los destinatarios de los actos, comunicaciones y resoluciones referidas en los dos apartados anteriores. Esta adaptación se realizará aunque los menores cuenten con asisten-

cia letrada y con la representación de sus progenitores, tutores o defensores judiciales.

4. Las juezas, jueces, magistradas y magistrados velarán por la salvaguardia de este derecho, en particular en los interrogatorios y declaraciones.

Normativa: art. 9.2 de la CE.

Comentario: Este artículo aborda el derecho a un lenguaje claro en actos, resoluciones y comunicaciones procesales, enfatiza la necesidad de emplear una redacción de manera clara, comprensible y accesible, con el objetivo de que los destinatarios comprendan cabalmente el contenido y las implicaciones de los documentos procesales.

Esta necesidad supone un cambio cultural hacia una comunicación más accesible y orientada al usuario, exigiendo a los abogados simplificar el lenguaje sin perder precisión jurídica y adaptar su comunicación según las características del destinatario. En el contexto de juicios, el artículo también sugiere que los abogados usen un lenguaje claro en sus interacciones orales, contribuyendo a un ambiente procesal inclusivo y justo.

Esta materia ha sido desarrollada por el CGAE, junto con el Ministerio de Justicia (actual Ministerio de Presidencia, Justicia y Relaciones con las Cortes) y el Poder Judicial, en el marco del Protocolo General de colaboración, mediante el impulso de la formación lingüística de los profesionales del Derecho, el reconocimiento público de buenas prácticas, el acercamiento del lenguaje jurídico a la ciudadanía, la estandarización de documentos jurídicos, las tecnologías al servicio de la claridad del lenguaje, así como cualesquiera otras actuaciones en este ámbito, con el objeto de modernizar y clarificar el lenguaje jurídico, haciéndolo accesible y comprensible para la ciudadanía.

En este sentido, el informe de la Comisión para la Modernización del Lenguaje Jurídico de 2011 recordaba que la Carta de derechos de los ciudadanos ante la Justicia, hacía de la claridad del Derecho "una política pública" y reconocía "a la ciudadanía el derecho a comprender".

Avanzar en la consecución de un lenguaje jurídico accesible supone tomar en especial consideración a las personas más vulnerables, como las personas con discapacidad o las personas menores de edad. Resulta significativo que el art. 10 o) de esta ley orgánica configure como parte integrante del derecho de defensa el reconocimiento de la discapacidad como criterio merecedor de especial protección jurídica y acceso a recursos accesibles universalmente.

En este sentido, el CGAE colabora con la Fundación ONCE y el CERMI en el impulso y asesoramiento en la promoción de la accesibilidad universal y el diseño para todos, tanto en el medio físico como en el ámbito de las Nuevas Tecnologías, incluidos los espacios virtuales (páginas web, etc.) y en los servicios profesionales a la ciudadanía, teniendo presente el principio de igualdad de oportunidades y no discriminación.

En lo que respecta a los menores y en concordancia con las exigencias del resto de leyes orgánicas que les afectan, el **apartado 3** dispone que ese lenguaje ha de adaptarse específicamente para ellos.

Artículo 10. Derechos ante los tribunales y en sus relaciones con la Administración de Justicia.

Los titulares del derecho de defensa ante los tribunales y en sus relaciones con la Administración de Justicia ostentan, entre otros, los siguientes derechos:

a) A identificar a las autoridades judiciales, miembros integrantes del Ministerio Fiscal o funcionarios al servicio de la Administración de Justicia.

b) A exigir responsabilidades por error judicial o funcionamiento anormal de la Administración de Justicia.

c) A utilizar las lenguas oficiales en el territorio de su comunidad autónoma, de acuerdo con lo previsto en el artículo 231 de la Ley Orgánica 6/1985, de 1 de julio, en los Estatutos de Autonomía y en el resto del ordenamiento jurídico.

d) En los procesos ante órganos con jurisdicción en todo el Estado, a utilizar cualquiera de las lenguas oficiales de la comunidad autónoma donde residan o donde se hayan iniciado las actuaciones judiciales, así como a recibir en cualquiera de esas lenguas las comunicaciones producidas.

e) A que las vistas, comparecencias y actos judiciales se realicen con puntualidad.

f) A relacionarse preferentemente, si así lo solicitan, de forma electrónica con los juzgados y tribunales y la Administración de Justicia.

g) A acceder y conocer por medios electrónicos el estado de tramitación de los procedimientos, en los términos establecidos en la Ley Orgánica 6/1985, de 1 de julio, y en las leyes procesales.

h) A acceder en formato electrónico accesible universalmente a los documentos conservados por la Administración de Justicia que formen parte de un expediente, según la normativa vigente en materia de archivos judiciales.

i) A emplear los sistemas de identificación y firma electrónica establecidos en la ley.

j) A que su comparecencia personal ante un órgano de la Administración de Justicia resulte lo menos gravosa posible. La comparecencia de los ciudadanos ante los órganos jurisdiccionales solamente podrá ser exigida cuando sea estrictamente indispensable conforme a la ley.

k) A ser adecuadamente protegido cuando declare como testigo o colabore de cualquier otra forma con la Administración de Justicia.

l) A formular reclamaciones, quejas y sugerencias relativas al incorrecto funcionamiento de la Administración de Justicia.

m) A disponer gratuitamente de los formularios necesarios para el ejercicio de sus derechos ante los tribunales cuando no sea preceptiva la intervención de abogado y procurador.

n) A la protección de datos de carácter personal de acuerdo con lo establecido en las leyes, y en particular, a la seguridad y confidencialidad de los datos que figuren en los ficheros, sistemas y aplicaciones de la Administración de Justicia.

o) Al reconocimiento de la discapacidad como criterio merecedor de especial protección jurídica y acceso a recursos accesibles universalmente.

p) En los procedimientos penales y sancionadores, a guardar silencio como parte de la presunción de inocencia, en los términos establecidos por el ordenamiento jurídico.

q) A cualesquiera otros que les reconozcan la Constitución Española, los tratados internacionales y las leyes.

Normativa: Art. 57 y 58 del EGAE. Art. 10.2.i y 10.2.f del CD. LOPJ. Art. 5, y 19 y siguientes del Real-Decreto Ley 6/2023 Código Buenas Prácticas en la Administración de Justicia.

Comentario: Este artículo recoge un catálogo de derechos de los titulares del derecho de defensa ante los Tribunales y en sus relaciones con la Administración de Justicia, consagrando la protección del derecho de defensa en el ejercicio de acciones legales frente a las vulneraciones que sean imputables a los poderes públicos. Se trata de una enumeración abierta remitiendo a cualesquiera otros que les reconozcan la Constitución Española y las leyes.

El Código Buenas Prácticas en la Administración de Justicia establece que se dispensará a los profesionales de la Abogacía en cualquier situación o circunstancia las debidas reglas de corrección y respeto, tanto en sala como fuera de ella, y en las resoluciones judiciales, procurando en todo caso un trato deferente al profesional de la abogacía, como expresión del máximo respeto que el ejercicio del derecho de defensa merece en toda actuación judicial, evitando muestras de desatención o desconsideración y exceso o abuso de autoridad.

Asimismo, se dispondrá lo necesario, dentro de sus competencias, para que los señalamientos se lleven a cabo de forma razonable, atendiendo al margen temporal que prevean necesario para asegurar la atención a las partes en las horas fijadas, evitando retrasos y esperas que perjudiquen la calidad en la atención al ciudadano, teniendo presente la complejidad del asunto y cualquier otra circunstancia que pueda provocar un retraso. Deberán observar especial puntualidad en la celebración de los primeros señalamientos diarios y de cualesquiera otras diligencias judiciales. Si llegaran a producirse demoras en los juicios y vistas, deberán ofrecer una explicación cortés a los afectados sobre las razones del retraso, actualizando los retrasos producidos para ofrecer una información real a profesionales y ciudadanos.

En el caso de haberse producido la suspensión de un señalamiento, y a fin de evitar una nueva suspensión, procurarán contar con el acuerdo de los abogados y las abogadas para efectuar el nuevo señalamiento conforme a la agenda programada de señalamientos y a las instrucciones dictadas por el Juez o Tribunal. Por otro lado, habrá de tenerse siempre en cuenta el carácter personal del encargo realizado por el justiciable a favor de un abogado o abogada concreta, intentando evitar las sustituciones para garantizar el derecho de defensa del asistido.

En definitiva, se debe procurar la máxima diligencia en la resolución de las actuaciones para evitar causar retrasos innecesarios en la actividad procesal.

El EGAE señala que los profesionales de la Abogacía esperarán un tiempo prudencial sobre la hora señalada por los órganos judiciales para las actuaciones en que deban intervenir, transcurrido el cual sin causa justificada formularán la pertinente queja ante el mismo órgano.

Asimismo deberán denunciar el retraso ante la Junta de Gobierno del correspondiente Colegio para que pueda adoptar las actuaciones pertinentes.

Los Colegios han de establecer protocolos de actuación para que ante la reiteración de retrasos injustificados se presente la correspondiente denuncia ante el Consejo General del Poder Judicial.

El derecho de defensa comprende, entre otros derechos, el libre acceso a los Tribunales de Justicia y a un proceso sin dilaciones indebidas, se consagra que los plazos habrán de ser suficientes para hacer efectivo el derecho de defensa y los requisitos proporcionados e inspirados por el principio de necesidad, sin que en ningún caso puedan generar indefensión. La regulación del derecho a la tutela judicial efectiva, desde la perspectiva del derecho a la defensa letrada y de las garantías de esa defensa que deben prestar los tribunales de justicia, supone que la tutela judicial efectiva tiene concretos límites entre lo efectivo y no provocar dilaciones indebidas.

La STC de 4 de noviembre de 2024 dicta que los afectados por una justicia tardía podrán solicitar una indemnización al Estado sin recurrir en amparo. También considera imprescindible crear sistemas de organización más eficientes y las reformas procesales necesarias para solucionar las ineficiencias que existen actualmente.

En consonancia con las últimas reformas legislativas en materia de discapacidad para mejorar la protección y defensa de los derechos de personas con discapacidad, conforme a los principios de la Convención Internacional sobre los Derechos de las Personas con Discapacidad de las Naciones Unidas, la LO del Derecho de Defensa refleja el cambio de paradigma hacia un enfoque basado en la autonomía personal, la igualdad de derechos y la participación plena de las personas con discapacidad en la sociedad.

El grupo de trabajo sobre Discapacidad lamenta que no se haya atendido la reivindicación sistemática de las mujeres con discapacidad de incluir el tratamiento específico de la asistencia jurídica gratuita a todas las mujeres y niñas con discapacidad para todo tipo de procesos, con independencia de sus recursos económicos.

Artículo 11. Derecho a intérprete y/o traductor.

Si el uso de una lengua determinada, especialmente la materna o una de las lenguas oficiales en las comunidades autónomas, contribuye a garantizar el ejercicio del derecho de defensa, el juzgado o el tribunal pondrá a disposición de los intervinientes que lo requieran los mecanismos pertinentes de interpretación y/o traducción.

Normativa: art. 231 de la LOPJ

Artículo 12. Protección del derecho de defensa.

1. Las personas tienen derecho a que las actuaciones procedimentales por parte de los poderes públicos, incluidas las que se realicen por medios electrónicos, se lleven a cabo con todas las garantías de su derecho de defensa, incluida la accesibilidad universal.

2. Las personas tienen derecho al reconocimiento y ejercicio de las acciones que legalmente procedan frente a las vulneraciones de los derechos vinculados al derecho de defensa imputables a los poderes públicos.

3. Las personas trabajadoras tienen derecho a la indemnidad frente a las consecuencias desfavorables que pudieran sufrir por la realización de cualquier actuación conducente al ejercicio de sus derechos de defensa.

4. Las personas tienen derecho a conocer con transparencia los criterios de inteligencia artificial empleados por las plataformas digitales, incluidas las que facilitan la elección de profesionales de la abogacía, sociedades de intermediación y cualesquiera otras entidades o instituciones que presten servicios jurídicos.

Apartado 1.

Normativa: RD-ley 6/2023, de 19 de diciembre. Libro I. Medidas de Eficiencia Digital y Procesal del Servicio Público de Justicia, art. 1 a 100 de forma especial.

Comentario: La consolidación en nuestra sociedad de las nuevas tecnologías, la evolución cultural de una ciudadanía consciente de los retos que comporta la digitalización y, sobre todo, la utilidad de los nuevos instrumentos y herramientas tecnológicas al servicio de una mejor y más eficiente gestión de los recursos públicos, también en el marco de la Administración de Justicia, implica para los poderes públicos el imperativo de abordar correctamente este nuevo marco relacional y, con él, delimitar y potenciar el entorno digital con el propósito de favorecer una más eficiente potestad jurisdiccional. La normativa contenida en el Real Decreto-Ley se articula como un instrumento para promover y facilitar la intervención telemática de los ciudadanos en las actuaciones judiciales, simplificándose la relación con la Administración de Justicia.

Apartado 3.

Normativa: Art. 17.1 del ET

Comentario: La garantía de indemnidad, prevista asimismo en la disposición adicional tercera de esta ley, se refiere a la prohibición de cualquier tipo de represalia por parte de la empresa contra un trabajador o trabajadora que haya ejercido sus derechos laborales o que haya presentado una reclamación judicial o administrativa contra la empresa.

Apartado 4.

Normativa: Normativa Deontológica de ámbito internacional establecida por la International Bar Association (IBA). Guía CCBE sobre uso de plataformas jurídicas en línea por parte de abogados. Art. 16 y 19 EGAE.

Comentario: Los principios y reglas deontológicas de la abogacía deben avanzar al mismo tiempo de la IA. Y con independencia de cuál sea el grado de desarrollo futuro, es imprescindible que, queden identificados, aquellos principios y valores comunes al ejercicio de la abogacía en las relaciones con los consumidores y usuarios, y que han de conocer en todo momento. No puede convertirse la prestación de servicios en una deshumanización del derecho. La abogacía institucional tiene un importante papel al desarrollar este cometido, prestando un inestimable servicio a la profesión y a la sociedad.

CAPÍTULO III
Garantías y deberes de la asistencia jurídica en el derecho de defensa

Sección 1ª De las garantías de la abogacía

Artículo 13. Garantía de la prestación del servicio por los profesionales de la abogacía.

La asistencia letrada será prestada por los profesionales de la abogacía, que son aquellas personas que, por cuenta propia o ajena, estando en posesión del título profesional regulado en la normativa sobre el acceso a las profesiones de la abogacía y la procura, están incorporadas a un colegio de la abogacía como ejercientes y se dedican de forma profesional al asesoramiento jurídico, a la solución de conflictos y a la defensa de derechos e intereses ajenos, tanto públicos como privados, en la vía judicial o extrajudicial.

El turno de oficio, que incorpora a los profesionales designados para prestar el servicio obligatorio de justicia gratuita, es un pilar esencial de las garantías del derecho de defensa.

Normativa: Art. 24 de la CE. Art. 542 de la LOPJ. Art. 4, 7 y 9 del EGAE y la Ley 34/2006, de 30 de octubre.

Comentario: Este precepto es coincidente con el EGAE, donde se establece de manera clara y precisa cuáles son los requisitos para ser abogado/abogada, así como las actuaciones que se desarrollan en la profesión.

El reconocimiento a la labor de los compañeros y compañeras que prestan sus servicios en el turno de oficio es muy encomiable y se corresponde con una reivindicación histórica de la Abogacía.

En la sentencia de la Sala Segunda del TS, de 10 de noviembre de 1990, ponente Sr. Vives Marzal, se realiza una definición de "abogado", definición que, a día de hoy, se mantiene vigente y cuyo texto ya se ha recogido con anterioridad.

Artículo 14. Garantías del profesional de la abogacía.

1. Los poderes públicos garantizarán la actuación libre e independiente del profesional de la abogacía como presupuesto para la efectiva realización del derecho de defensa, garantizándose el acceso en condiciones de igualdad de estos profesionales a los escritos y procedimientos.

2. Los profesionales de la abogacía deben ser tratados por los poderes públicos con pleno respeto a la relevancia de sus funciones.

3. Los escritos y procedimientos serán accesibles para garantizar el acceso en igualdad de condiciones de estos profesionales.

4. Se reconoce a los profesionales de la abogacía el derecho a la conciliación y al disfrute de los permisos de maternidad y paternidad.

En el marco de las actuaciones procesales, los profesionales de la abogacía tendrán derecho a solicitar la suspensión del procedimiento judicial o el nuevo señalamiento de actuaciones procesales en casos de fuerza mayor u otro motivo de análoga entidad, tales como el nacimiento o cuidado de menor, la adopción o acogimiento de menores, la hospitalización de cónyuge o de persona a la que estuviese unido por análoga relación de afectividad y de pariente o familiar a cargo, y el fallecimiento de pariente hasta segundo grado de consanguinidad o afinidad.

También se podrá solicitar la suspensión del procedimiento por accidente o enfermedad del profesional de la abogacía interviniente que requiera hospitalización o por baja médica sin hospitalización.

La suspensión y el nuevo señalamiento de los actos procesales se regirán por la ley procesal que regule el procedimiento.

Apartado 3.

Normativa: Real Decreto-ley 6/2023. Art. 41 y siguientes Presentación de documentos. Art. 47 y siguientes: Expediente Judicial electrónico.

Apartado 4.

Normativa: Art. 97 del EGAE. Art. 134, 179 y 183 de la LEC. Art. 746 de la LECrim. Art. 86 de la LRJS.

Comentario: Es obligación de los poderes públicos garantizar la libertad e independencia de los profesionales y su acceso en condiciones de igualdad a los escritos y procedimientos. Ello supone que la vulneración de la libertad o independencia en cualquier actuación profesional puede ser esgrimida ante los tribunales para garantizar el derecho de defensa del que la ciudadanía es acreedora. También supone que la totalidad de los elementos que consten en el procedimiento han de ser accesibles y conocidos por los profesionales, de conformidad con lo dispuesto en la ley y todos habrán de ser notificados.

El respeto hacia la función de los profesionales de la Abogacía ha de ser pleno, al tratarse de una función contemplada constitucionalmente. La falta de respeto a esa función es susceptible de amparo por los Colegios de la Abogacía.

El art. 14.4, introducido en el texto de la ley en fase parlamentaria, plasma el reconocimiento explícito de un derecho de conciliación de los profesionales de la abogacía, que ha sido una reivindicación reiterada de la Abogacía institucional, y que abarca, el reconocimiento del permiso de maternidad y paternidad, así como la suspensión de procedimientos o actuaciones procesales por causas de fuerza mayor, por nacimiento o cuidado de menor, adopción o acogimiento, hospitalización o fallecimiento de familiar, o accidente o enfermedad del profesional de la abogacía.

En este sentido, el EGAE dedica su art. 97 a la conciliación de la vida familiar y profesional; una materia en la que se han conseguido importantes avances en los últimos años.

Un gran avance en este sentido ha sido la modificación de la LEC, en su art. 130.2, que establece que "son días inhábiles a efectos procesales los sábados y domingos, y los días que median entre el 24 de diciembre y el 6 de enero del año siguiente, ambos inclusive, los días de fiesta nacional y los festivos a efectos laborales en la respectiva Comunidad Autónoma o localidad».

Y más recientemente, el RD-ley 5/2023, de 28 de junio, introdujo medidas destinadas a facilitar la conciliación de los profesionales de la abogacía, llevando a cabo modificaciones de la LEC, la LECrim y la LRJS, introduciendo la baja por nacimiento y cuidado de menor como causa de suspensión del curso de los autos (art. 134.3 de la LEC, art. 179 de la LEC, art. 183.1 de la LEC, art, 746 de la LECrim, art. 83 de la LRJS).

Por tanto, a pesar de la improrrogabilidad de los plazos, éstos podrán interrumpirse en caso de fuerza mayor que impida cumplirlos, reanudándose su cómputo en el momento en que hubiera cesado la causa determinante de la interrupción. Es el LAJ, mediante Decreto quien ha de apreciar la concurrencia de fuerza mayor, bien de oficio o a instancia de la parte que la sufrió, con audiencia de las demás. Ese decreto podrá recurrirse en revisión con efectos suspensivos.

También podrán interrumpirse los plazos y demorarse los términos por plazo de tres días hábiles cuando los Colegios de la Abogacía y Procura o las partes personadas comuniquen causas objetivas de fuerza mayor que afecten al profesional de la abogacía o de la procura, tales como nacimiento y cuidado de menor, enfermedad grave y accidente con hospitalización, fallecimiento de parientes hasta segundo grado de consanguinidad o afinidad o baja laboral certificada por la seguridad social o sistema sanitario o de previsión social equivalente.

El profesional de la Abogacía podrá solicitar la suspensión del curso del procedimiento por el fallecimiento, accidente o enfermedad graves de su cónyuge, de persona a la que estuviese unido por análoga relación de afectividad o de un familiar dentro del primer grado de consanguinidad o afinidad. La suspensión se producirá por tres días hábiles a contar desde el día siguiente al hecho causante, plazo que podrá ser de hasta cinco días hábiles cuando a tal efecto sea preciso un desplazamiento a otra localidad. Estos plazos de suspensión se reducen a dos y cuatro días hábiles, respectivamente, cuando el fallecimiento y las otras circunstancias afecten a familiares en segundo grado de afinidad o consanguinidad.

Igualmente, puede suspenderse el procedimiento por accidente o enfermedad del profesional de la abogacía interviniente. La suspensión se mantendrá durante el periodo coincidente con la baja laboral conforme a la legislación laboral y de seguridad social o cualquier otro sistema de previsión social, y en todo caso por un plazo máximo de treinta días naturales, transcurridos los cuales se alzará la suspensión.

En los supuestos de nacimiento y cuidado de menor, los profesionales de la abogacía intervinientes a quienes se les haya concedido la baja por nacimiento y cuidado de menor podrán solicitar la suspensión del procedimiento, y por tanto de todos los actos y plazos procesales en curso, para el período coincidente con el descanso laboral obligatorio establecido según la legislación laboral y de seguridad social, afectando la suspensión a todos los procedimientos en los que intervenga.

Si, por las mismas causas, el profesional no pudiera acudir a una vista ya señalada, habrá de manifestarlo de inmediato al tribunal y acreditar la causa o motivo, solicitando nueva vista o resolución que atienda a la situación.

El reconocimiento del derecho a la conciliación de los profesionales de la abogacía tiene incidencia directa en materia de igualdad entre mujeres y hombres y un indudable impacto positivo por razón de género.

Será necesaria una labor de concienciación respecto a los poderes públicos, la Administración de Justicia y los propios profesionales de forma que el funcionamiento de este mandato legal se normalice y ampare.

Artículo 15. Garantías del encargo profesional.

1. Toda persona podrá solicitar que la contratación de los servicios jurídicos de defensa se formalice por escrito en una hoja de encargo profesional o medio equivalente, en el que constará la información comprensible y accesible universalmente de los derechos que le asisten, los trámites esenciales a seguir en función de la controversia planteada y las principales consecuencias jurídicas inherentes a su decisión, así como del presupuesto previo con los honorarios y costes derivados de su actuación.

Normativa: Art. 15 del CD; Art. 48 del EGAE.

Comentario: La normativa profesional obliga a informar al cliente de determinadas circunstancias relativas al encargo profesional.

La normativa, hasta ahora, establece la recomendación de que la información se suministre a través de la confección de una hoja de encargo o medio equivalente; únicamente se impone la obligación de hacerlo por escrito, cuando el cliente exige expresamente la confección de una hoja de encargo o medio equivalente, lo que contribuye a la transparencia de la relación con el cliente y a evitar problemas a la finalización del encargo.

La LODD establece el contenido mínimo que debe contener dicha hoja de encargo o equivalente escrito:

i. Derechos que asisten al ciudadano.

ii. Trámites esenciales a seguir en función de la controversia.

iii. Principales consecuencias jurídicas para el ciudadano derivadas del encargo.

iv. Presupuesto previo y costes derivados de la actuación del profesional de la abogacía en el que deberá constar las diversas alternativas según la suerte de la actuación y su previsible éxito o fracaso.

Conviene señalar que el CD establece un contenido más amplio de la hoja de encargo, en el caso de que esa sea la fórmula para la formalización. En caso contrario, bastará con atenerse al contenido del artículo que se comenta. En ese sentido cabe mencionar que el abogado está siempre obligado deontológicamente a formalizar las condiciones económicas mediante hoja de encargo o medio equivalente. Asimismo, se señala a modo ilustrativo, que en el procedimiento de jura de cuentas es necesario aportar, para acudir al mismo, minuta detallada donde se refleje el pacto económico. En particular, se determina en el apartado primero del artículo 35 de la LEC.

2. En dicha hoja de encargo o documento equivalente se incluirá igualmente, en caso de que se obtengan datos personales relativos al interesado, la información necesaria conforme al artículo 13 del Reglamento (UE) 2016/679, del Parlamento Europeo y del Consejo, de 27 de abril de 2016 (General de Protección de Datos). El cumplimiento de dicho deber de información podrá cumplirse de la manera establecida en el artículo 11 de la Ley Orgánica 3/2018, de 5 de diciembre, de Protección de Datos Personales y garantía de los derechos digitales.

Novedad de la LODD.

Comentario: La LODD introduce la obligación de suministrar la información relativa al tratamiento de los datos obtenidos de los clientes que exige la LOPD.

Esta información deberá facilitarse en la hoja de encargo o documento equivalente. Es de destacar que la justificación escrita de que se ha facilitado dicha información al cliente es exigida por la normativa propia de la protección de datos de carácter personal.

3. El tratamiento de los datos personales obtenidos tendrá por exclusiva finalidad el ejercicio del derecho de defensa encomendado por el cliente. En ningún caso podrá procederse a un tratamiento ulterior de los datos para fines incompatibles con el fin

para el cual se recogieron inicialmente los datos personales. Se exceptúan los supuestos en que el tratamiento para otro fin distinto de aquel para el que se recogieron los datos personales esté previsto en una norma con rango de ley que constituya una medida necesaria y proporcional en una sociedad democrática para salvaguardar los objetivos indicados en el apartado 1 del artículo 23, del Reglamento (UE) 2016/679.

Normativa: Art. 23.1 del RGPD

Comentario: Este apartado 3 refleja el principio de limitación de la finalidad, al establecer que los datos personales obtenidos en el marco del ejercicio del derecho de defensa solo pueden tratarse con esa finalidad específica. Esta exclusividad garantiza que la información proporcionada por el cliente sea utilizada de manera legítima y transparente, preservando la confianza en la relación abogado-cliente y cumpliendo con las exigencias del RGPD. La limitación protege no solo la confidencialidad de los datos, sino también los derechos de todas las personas implicadas en los procedimientos.

La prohibición de realizar tratamientos ulteriores para fines incompatibles con el propósito inicial constituye una garantía esencial del derecho fundamental a la protección de datos, al evitar cualquier uso indebido que exceda el alcance legítimo para el cual los datos fueron recogidos. No obstante, esta regla admite excepciones en los supuestos previstos por una norma con rango de ley, siempre que el nuevo tratamiento sea necesario y proporcional en una sociedad democrática. Estas excepciones, reguladas en el art. 23.1 del RGPD, pueden justificarse para salvaguardar objetivos legítimos como la seguridad nacional, la defensa, la prevención, investigación o persecución de delitos, o la protección de derechos y libertades fundamentales, entre otros.

En todo caso, debemos señalar que dichas excepciones deben interpretarse de manera restrictiva, garantizando en todo momento un equilibrio adecuado entre la protección de los datos personales y los fines legítimos que las justifican. Además, esta disposición asegura el cumplimiento de la normativa procesal y deontológica aplicable, limitando estrictamente el tratamiento de los datos al objetivo legítimo de defender los intereses del cliente.

La excepción basada en una norma legal, por su parte, proporciona un marco de seguridad jurídica para abordar situaciones excepcionales. No obstante, el tratamiento de datos personales amparado en esta excepción está sujeto al control de proporcionalidad y necesidad que exige el respeto a los principios fundamentales de una sociedad democrática.

Artículo 16. Garantía de confidencialidad de las comunicaciones y secreto profesional.

1. Todas las comunicaciones mantenidas entre un profesional de la abogacía y su cliente tienen carácter confidencial y sólo podrán ser intervenidas en los casos y con los requisitos expresamente recogidos en la ley.

Normativa: Art. 24.2 de la CE. Art. 263 y 416 de la LECrim. Art. 542.3 de la LOPJ. Art. 5 del CD. Art. 1.3 21, 22 del EGAE. Art. 6 y 8 del CEDH.

Comentario: Piedra angular del derecho de defensa, las comunicaciones entre el profesional de la abogacía y su cliente tienen carácter confidencial y están generalmente cubiertas por el secreto profesional. La LODD introduce la importante previsión de la limitación a su intervención salvo disposición expresa con rango de ley.

2. Las comunicaciones mantenidas exclusivamente entre los defensores de las partes con ocasión de un litigio o procedimiento, cualquiera que sea el momento en el que tengan lugar o su finalidad, incluso en fase extrajudicial, son confidenciales y no podrán hacerse valer en juicio ni tendrán valor probatorio, excepto en los casos en los que se hayan obtenido de acuerdo con lo previsto en la Ley de Enjuiciamiento Criminal u otras leyes de aplicación o en que su aportación o revelación haya sido autorizada conforme a la regulación profesional vigente.

Normativa: Art. 5.3 del CD. Art. 23 del EGAE.

Comentario: Supone uno de los logros más relevantes de la LODD. Consagra la confidencialidad de las comunicaciones mantenidas entre letrados. Esta garantía comprende las comunicaciones habidas en cualquier momento; tanto en la fase extrajudicial como una vez iniciado el litigio o el procedimiento.

En el caso de que, a pesar de la prohibición contenida en la normativa actualmente vigente, se aportasen, carecerán de valor probatorio. Se acaba definitivamente con la admisión de dichas comunicaciones por parte de los juzgados y Tribunales que venía sucediendo y que, como entiende el legislador, vulneraba derechos fundamentales de los ciudadanos consagrados en el art.24 de la CE, el de no declarar contra sí mismo o el derecho a no confesarse culpable.

Ejemplo de ello fue la reciente STSJ de Madrid, Sala de lo Social, de 26 de mayo de 2023 que vino a refrendar la validez de la aportación como prueba en un procedimiento judicial de una serie de correos electrónicos intercambiados entre los letrados de las partes sin que mediara autorización del letrado no aportante, confirmando así la sentencia dictada previamente por el Juzgado de lo Social número 26 de Móstoles.

En esta Sentencia el Tribunal señalaba como "una de las problemáticas más difíciles de resolver para el abogado" es decidir si debe aportar determinada documentación cruzada con el abogado de la parte contraria que pueda ser necesaria en el ejercicio de su derecho de defensa cuando ello contraviene la normativa deontológica.

Hasta la LODD la prohibición únicamente venía contenida expresamente en la normativa deontológica. Con la introducción de esta prohibición, entiende el legislador que esta aportación sí vulnera otros derechos fundamentales, como son los señalados de no declarar contra uno mismo o el derecho a no confesarse culpable.

Debemos entender que la expresión "fase extrajudicial" es amplia y no condicionada a la efectiva ocurrencia de un pleito posterior. Las funciones del profesional de la abogacía comprenden el asesoramiento y la defensa y cualquier asesoramiento puede, eventualmente, desembocar en un litigio.

3. No se admitirán los documentos, cualquiera que sea su soporte, que contravengan la anterior prohibición, salvo que expresamente sea aceptada su aportación por los profesionales de la abogacía concernidos o las referidas comunicaciones se hayan realizado con la advertencia expresa y explícita de poder ser utilizadas en juicio.

Normativa: Art. 5 del CD. Art. 23 del EGAE.

Comentario: La normativa profesional permite que los letrados releven de confidencialidad a estas comunicaciones y que, por tanto, puedan ser aportadas y utilizadas en juicio.

La LODD mantiene esta excepción a la confidencialidad de las comunicaciones entre los letrados de las partes.

4. Excepto en los casos que expresamente recojan las leyes, la entrevista entre el profesional de la abogacía y su cliente defendido tendrá carácter confidencial.

Normativa: Art. 5 del CD. Art. 23 del EGAE.

Comentario: Supone una concreción de lo señalado en los apartados anteriores. Debemos entender que la "entrevista" no es sólo la presencial, sino que abarca la conversación mantenida por cualquier medio.

5. El secreto profesional incluirá las siguientes manifestaciones:

a) La inviolabilidad y el secreto de todos los documentos y comunicaciones del profesional de la abogacía, que estén relacionados con el ejercicio de sus deberes de defensa.

Normativa: Art. 5 del CD. Art. 23 del EGAE.

Comentario: Necesaria concreción de la materialización del secreto profesional. En este primer apartado se alude a documentos y a comunicaciones de los letrados con terceros en su actuación profesional en defensa de su cliente.

b) La dispensa de prestar declaración ante cualquier autoridad, instancia o jurisdicción sobre hechos, documentos o informaciones de los que tuvieran conocimiento como consecuencia de su desempeño profesional, con las excepciones legales que puedan establecerse.

Normativa: Art. 5.1 del CD. Art. 21 del EGAE.

Comentario: Manifestación del secreto profesional. La normativa profesional sanciona al que cita a un compañero o compañera en calidad de testigo para deponer sobre hechos protegidos por el secreto profesional.

c) La protección del secreto profesional en la entrada y registro de los despachos profesionales respecto de clientes ajenos a la investigación judicial.

Normativa: Art. 5.1 del CD. Art. 24 del EGAE.

Comentario: Manifestación del secreto profesional. El profesional de la abogacía puede solicitar la presencia del decano, o quienes estatutariamente les sustituyan o sean designados por el decano, para asistir dicho registro y velar por la salvaguarda del secreto profesional.

Artículo 17. Garantías de la libertad de expresión del profesional de la abogacía.

Los profesionales de la abogacía gozarán del derecho a manifestarse con libertad, oralmente y por escrito, en el desarrollo del procedimiento ante los poderes públicos y con las partes, atendiendo al significado de las concretas expresiones, al contexto procedimental y a la necesidad para la efectividad del derecho de defensa, salvo cuando esas manifestaciones sean contrarias a la deontología profesional u otras normas de aplicación. Los colegios de la abogacía velarán por el respeto a la libertad de expresión del profesional de la abogacía, como garantía del derecho de defensa.

Normativa: Art. 58 del EGAE. Art. 3.2 y 3.3 del CD. Art. 542 de la LOPJ

Comentario: El art. 17 de la LODD consagra las garantías de la libertad de expresión del profesional de la abogacía, prevista ya en el art. 58 del EGAE, así como en el art. 3.2 y 3.3 del CD.

Se trata de un derecho que viene siendo reconocido por los Tribunales. El TC ha delimitado un perfil de la libertad de expresión de los profesionales de la abogacía entendiendo que, por razón de su función, este derecho está especialmente protegido frente a las restricciones ordinarias que operan en el ámbito material y funcional de otros derechos y libertades (Fundamento Jurídico 4º de la STC 113/2000, de 5 de mayo en la que se declara que dicha libertad, de la que son titulares los Abogados en el ejercicio de su función, trae su causa de la inmediata conexión con la efectividad de otro derecho fundamental como el "derecho a la defensa y a la asistencia de letrado" contenido en el art. 24 apartado 2º de la CE). Entiende el TC que la libertad de expresión de los profesionales de la abogacía en el ejercicio de sus funciones procesales, como cooperadores de la función jurisdiccional misma, es una "libertad de expresión reforzada" en tanto que debe valorarse siempre desde una perspectiva de excepción, y como ha declarado el mismo TC en Sentencia 205/1994 de 11 de julio, "*se trata de una manifestación especialmente inmune a las restricciones que en otro contexto habrían de operar*".

Por su parte, el TS, en reciente sentencia de 8 de julio de 2024, sin poner en cuestión que la libertad de expresión de los profesionales de la abogacía es una libertad reforzada, enfatizó la necesidad de equilibrar la libertad de expresión del abogado con el respeto hacia las partes contrarias y la pertinencia de la información en el contexto del litigio, de modo que deben evitarse descalificaciones gratuitas que no aporten valor a la defensa; ello, en consonancia con el art. 3.3 del CD que prevé que "*La libertad de expresión no legitima el insulto ni la descalificación gratuita*".

Con ello se refuerzan los principios de profesionalidad y ética en la práctica legal, subrayando que la dignidad y el respeto mutuo son pilares fundamentales en el ejercicio de la abogacía.

Este derecho se consolida con una protección reforzada en el texto de la norma, de tal forma que la libertad de expresión del profesional de la abogacía no podrá ser limitada, o podrá ser sancionado dicho profesional por las opiniones, orales o escritas, expresadas en el ejercicio del derecho de defensa, salvo cuando resulten contrarias a la deontología profesional, o no siendo necesarias para la defensa, se concreten en un ataque a la honorabilidad y dignidad de las partes, sus defensores o los funcionarios públicos intervinientes en el proceso.

Artículo 18. Garantías del profesional de la abogacía con discapacidad.

El profesional de la abogacía con discapacidad tendrá derecho a utilizar la asistencia, apoyos y otros recursos accesibles universalmente que requiera para desempeñar de forma eficaz el ejercicio profesional del derecho de defensa.

Normativa: Art. 9.2 de la CE.

Comentario: Es una reivindicación reiterada del CGAE la adopción de las medidas pertinentes para asistir y apoyar a los profesionales de la Abogacía con discapacidad y la remoción de las barreras y obstáculos subsistentes.

Este artículo conlleva el reconocimiento del deber de los poderes públicos de hacer efectivo este derecho de los profesionales de la abogacía con discapacidad, mediante la adopción de las medidas necesarias que podrán incluir, entre otras, la designación de un intérprete de la lengua de signos o la eliminación de barreras que dificulten la movilidad en las sedes judiciales.

Sección 2ª De los deberes de la abogacía

Artículo 19. Deberes de actuación de los profesionales de la abogacía.

1. Los profesionales de la abogacía guiarán su actuación de conformidad con la Constitución Española y las leyes, con la buena fe procesal y con el cumplimiento de los deberes deontológicos de lealtad y honestidad en el desempeño del encargo, con especial atención a las normas y directrices establecidas por los consejos y colegios profesionales correspondientes. Los profesionales de abogacía, en aras de garantizar la defensa efectiva de sus clientes con discapacidad, cuando sea necesario, implementarán las garantías adicionales necesarias.

Normativa: Art. 12.A.8 del CD. Art. 47.3 y 61 del EGAE.

Comentario: Dentro de los llamados por la LODD "deberes deontológicos" está el principal: asesorar y defender al cliente "con el máximo celo y diligencia" (art. 12 a 8 del CD) reiterado en el art. 47.3 del EGAE

El ejercicio del derecho de defensa deberá ser compatible con la "buena fe procesal" y el cumplimiento de las obligaciones deontológicas.

La buena fe procesal exige a los litigantes actuar de modo leal sin utilizar en su actuar elementos o estrategias que maliciosamente distorsionen el proceso o tuerzan las normas de un modo no querido por estas.

Esta obligación viene recogida en el art. 247 de la LEC. Así el 247.2 de la LEC establece que "*Los tribunales rechazarán fundadamente las peticiones e incidentes que se formulen con manifiesto abuso de derecho o entrañen fraude de ley o procesal.*"

A su vez, el citado art. 247.4 establece la obligación del Tribunal de trasladar al Colegio profesional correspondiente la noticia de la utilización de la mala fe procesal cuando se entienda que quien la práctica es un profesional de la Abogacía.

La LODD equipara y sitúa en un mismo nivel "mala fe procesal" e "incumplimiento de deberes deontológicos" de los profesionales de la Abogacía como situaciones que ponen en riesgo el derecho de defensa.

2. Los profesionales de la abogacía no asumirán la defensa ni asesorarán en aquellos asuntos en los que exista una situación de conflicto de intereses, de conformidad con lo previsto en la normativa estatutaria de aplicación.

Normativa: Art. 3.2, 3.3 y 12.C del CD. Art. 51 del EGAE.

Comentario: Remisión a la normativa deontológica en materia de conflicto de intereses.

Puede existir conflicto de intereses en defensas simultáneas, cuando se actúa para más de un cliente o se tiene interés particular en el asunto o diferencias sucesivas al defender o asesorar en nuevo asunto que resulta contrario a un antiguo cliente.

La nueva norma es compatible con el tipo del art. 467.1 del CP.

3. Los profesionales de la abogacía tendrán el deber de utilizar los medios electrónicos, las aplicaciones o los sistemas establecidos por la Administración de Justicia y las administraciones públicas para el adecuado ejercicio del derecho de defensa que tienen encomendado.

Normativa: Art. 6 y siguientes, Derechos y deberes de los y las profesionales que se relacionen con la Administración de Justicia, del RD-ley 6/2023, de 19 de diciembre, por el que se aprueban medidas urgentes para la ejecución del Plan de Recuperación, Transformación y Resiliencia en materia de servicio público de justicia, función pública, régimen local y mecenazgo.

RD 1065/2015, de 27 de noviembre, sobre comunicaciones electrónicas en la Administración de Justicia en el ámbito territorial del Ministerio de Justicia y por el que se regula el sistema LexNET.

Art. 5. Orden PCI/1255/2019, de 26 de diciembre, por la que se establece la obligatoriedad de relacionarse a través de medios electrónicos en las pruebas de evaluación de aptitud profesional para el ejercicio de las profesiones de Abogado/a y Procurador/a de los Tribunales.

Artículo 14.2 de la Ley 39/2015 que indica que «en todo caso, estarán obligados a relacionarse a través de medios electrónicos con las Administraciones Públicas para la realización de cualquier trámite de un procedimiento administrativo, al menos, los siguientes sujetos: [...] c) Quienes ejerzan una actividad profesional para la que se requiera colegiación obligatoria, para los trámites y actuaciones que realicen con las Administraciones Públicas en ejercicio de dicha actividad profesional. En todo caso, dentro de este colectivo se entenderán incluidos los notarios y registradores de la propiedad y mercantiles.»

Comentario: Se trata de un precepto que establece una obligación para los profesionales de la abogacía en relación con el uso de los medios electrónicos y aplicaciones establecidas legalmente. Se pretende así la garantía del derecho de defensa de la ciudadanía. No obstante, el uso de los medios electrónicos y aplicaciones deberá ser compatible con el derecho de los profesionales a la conciliación y desconexión digital, en los términos establecidos en la propia ley (art. 14) y en la LEC, la LECrim y la LRJS.

Artículo 20. Deberes deontológicos de los profesionales de la abogacía.

1. Los profesionales de la abogacía deberán regirse en sus actuaciones por unos deberes deontológicos que garanticen su confiabilidad.

2. Estos deberes, independientemente de su inclusión o tratamiento en otras normas de carácter estatal, estarán regulados en

el Estatuto General de la Abogacía Española, aprobado por Real Decreto 135/2021, de 2 de marzo, y el Código Deontológico de la Abogacía Española, así como en su normativa de aplicación.

Normativa: Art. 1 del CD. Art. 61 del EGAE.

Comentario: Remisión a la normativa profesional en materia de deontología profesional.

La remisión al EGAE y al CD (por vez primera en una ley orgánica) es importante a la luz del epígrafe del artículo 20 que podría haber sido interpretado como un preceptivo limitativo del conjunto de deberes. Esta disposición no impide la adecuación de las normas profesionales contenidas en el CD.

3. Los procedimientos disciplinarios derivados de los incumplimientos de los deberes deontológicos se iniciarán de oficio por acuerdo de la institución colegial competente y establecerán la debida separación entre la fase instructora y la sancionadora, que se encomendará a órganos distintos.

Normativa: Art. 12 del RPD. Art. 133 del EGAE.

Comentario: Se trata de una reafirmación de las normas profesionales contenidas en el EGAE y en el nuevo Reglamento de Procedimiento Disciplinario aprobado recientemente.

CAPÍTULO IV
Garantías institucionales para el ejercicio de la abogacía

Artículo 21. Garantías de la institución colegial.

Los colegios de la abogacía operarán como garantía institucional del derecho de defensa al asegurar el cumplimiento debido de las normas deontológicas y el correcto amparo de los profesionales en el ejercicio de sus funciones profesionales en las que pudieran verse perturbados o inquietados. El procedimiento de declaración de amparo se regirá por la normativa aplicable al colectivo profesional de la abogacía.

Normativa: Art. 542.2 de la LOP. Art. 6.2, 67.b), 58 y 86.b) del EGAE.

Comentario: Se trata de un reconocimiento de la figura del amparo colegial cuando los profesionales de la abogacía vean perturbada su labor profesional.

La remisión a la norma aplicable al colectivo profesional (art. 58 EGAE) hubiese debido extenderse no sólo a aspectos procedimentales sino también de alcance de la protección.

Como aspecto positivo, podemos señalar que el amparo colegial podrá extenderse no sólo a la provocada por la actividad puramente jurisdiccional sino también a la que pudiera provenir de autoridades administrativas.

Para determinar la configuración del "correcto" amparo, el CGAE se abocará a la aprobación de la Normativa aplicable.

Se debe recordar que una de las conclusiones alcanzadas en las "I Jornadas de Defensa y Protección de la Defensa" celebradas en la ciudad de Vigo los días 16 y 17 de junio de 2022 fue que "A fin de tramitar y resolver las solicitudes de amparo frente a cualquier actuación que coarte la independencia y libertad necesarias para cumplir los deberes profesionales de la abogacía, o que no guarde la debida consideración a su función, conviene a los Colegios Profesionales disponer de un protocolo conforme al que regir sus actuaciones, estableciendo las medidas activas que proceda adoptar cuando la queja sea fundada, para amparar la libertad, independencia y dignidad de la profesión.

La Comisión de Defensa de los Derechos e Intereses Profesionales de la Abogacía elaborará un modelo de protocolo para todos los Colegios".

Es necesario y, por eso, desde la Abogacía se está trabajando en ello, que exista un protocolo de amparo común para todos los Colegios y para todos los profesionales de la abogacía, donde se especifique a qué actuaciones es aplicable y las respuestas que pueden ofrecer las Juntas de Gobierno.

Igualmente es conveniente que, en el marco de los convenios de colaboración suscritos con distintos organismos, como por ejemplo el CGPJ, se establezcan mecanismos de colaboración adecuados para dar solución a los problemas que pueden sufrir los letrados y letradas.

Artículo 22. Garantías de protección de los titulares de derechos en su condición de clientes de servicios jurídicos.

1. Los colegios de la abogacía velarán por el correcto cumplimiento de los deberes deontológicos de los profesionales de la abogacía y perseguirán y sancionarán aquellas conductas que pongan en riesgo el derecho de defensa de las personas.

Normativa: Arts. 67 y 68 del EGAE.

Comentario: El art. 67. f) del EGAE consagra como uno de los fines esenciales de los colegios la protección de los intereses de los consumidores y usuarios, en el mismo sentido su art. 68.

2. Los colegios de la abogacía recibirán, darán curso y resolverán las reclamaciones y quejas de las personas cuando la actuación de un profesional de la abogacía haya podido perjudicar o perturbar su derecho de defensa, constituyéndose en garantía de cumplimiento de la regulación deontológica por los colegiados, velando porque la ordenación de la profesión que les compete procure el escrupuloso respeto a los derechos de los consumidores y usuarios receptores de los servicios profesionales.

Normativa: Arts. 73 y 74 del EGAE.

Comentario: Los apartados 2 y 4 del artículo 73 establecen que los Colegios dispondrán de un Servicio de atención a los consumidores o usuarios y a los clientes de los servicios de la Abogacía y el procedimiento para resolver las quejas o reclamaciones.

El art. 74. d) establece como elemento necesario para incluir en la memoria anual la información estadística relativa a las quejas y reclamaciones presentadas por los consumidores o usuarios.

3. Los colegios de la abogacía garantizarán un sistema transparente y accesible universalmente para la presentación de reclamaciones y quejas y el seguimiento y resolución de los expedientes, así como la ejecución y el cumplimiento de las medidas disciplinarias que se adopten.

Normativa: Arts. 5.i y t de la LCP. Arts. 120, 133 a 139 del EGAE, y RPD.

Comentario: Se consagra que los Colegios Profesionales de la Abogacía operarán como garantía institucional del derecho de defensa al asegurar el cumplimiento debido de las normas deontológicas y el correcto amparo de los profesionales en el cumplimiento de su misión. Y, en este sentido, velarán por el correcto cumplimiento de los deberes deontológicos de los profesionales de la abogacía, persiguiendo y sancionando aquellas conductas que ponen en riesgo el derecho de defensa de las personas; recibirán, darán curso y resolverán las reclamaciones y quejas de las personas cuando la actuación de un profesional de la abogacía haya podido perjudicar o perturbar su derecho de defensa; y garantizarán un sistema transparente y accesible para la presentación de reclamaciones y quejas, el seguimiento y resolución de los expedientes, así como la ejecución y cumplimiento de las medidas disciplinarias que se adopten.

Es importante destacar que se regula de forma exclusiva las garantías institucionales de las Corporaciones colegiales de la Abogacía, sin que se haga mención alguna a ninguna otra institución colegial relativa a otras profesiones. Es decir, solo se incluye a esas corporaciones como garantes institucionales del derecho de defensa para asegurar el cumplimiento de la deontología profesional en aras de brindar la mayor protección a los consumidores y usuarios, así como de amparar colegialmente a todos los abogados y abogadas en el ejercicio de la profesión.

En definitiva, poniendo de manifiesto la clara determinación de que sean las corporaciones institucionales de la Abogacía quienes ejerzan sus funciones de supervisión y ordenación, y no otras instituciones colegiales que, por pura objetividad, nada tendrían que supervisar y ordenar, al estar completamente fuera de su ámbito de aplicación profesional.

Artículo 23. Garantías de las circulares deontológicas.

El Pleno del Consejo General de la Abogacía Española, en cumplimiento de sus funciones de ordenación del ejercicio de la profesión y la protección de los intereses de los consumidores y usuarios de los servicios de sus colegiados, dictará circulares interpretativas del Código Deontológico de la Abogacía Española.

En el ámbito de sus competencias, el Consejo General de la Abogacía Española desarrollará los procedimientos de capacitación y acreditación en materia de formación legal y continua y especializada, a los solos efectos de permitir el acceso a una especialización profesional vinculada a dicha formación y sin que en ningún caso puedan suponer una restricción al ejercicio de la profesión.

Novedad de la LODD.

Comentario: Se trata de una novedad de la LODD. El CGAE tendrá la capacidad de dictar circulares interpretativas en materia deontológica que deberán ser aplicables a todo el país.

Se trata de una función que dotará de seguridad jurídica tanto a los profesionales de la Abogacía como a los ciudadanos al poder conocer la interpretación de la normativa deontológica que está revestida de una variada casuística.

Las novedades en el modo en el que se prestan servicios jurídicos y la irrupción de herramientas tecnológicas exigen una continua revisión del impacto que pueden tener en materia deontológica. Estas circulares interpretativas permitirán que la norma deontológica se adecúe a las nuevas situaciones.

La existencia de 83 Colegios de la Abogacía, así como de diversos Consejos Autonómicos con competencias en materia deontológica exigen una necesaria interpretación común de la normativa autonómica, especialmente cuando los profesionales de la Abogacía ejercen en el ámbito territorial de los diferentes Colegios de la Abogacía y pueden verse afectados por diversas interpretaciones de la misma norma deontológica.

Todo ello en relación con lo dispuesto en el art. 64 del EGAE, y deberá ejecutarse conforme a los art. 29 y siguientes del del RRI en la versión actualizada aprobada en Pleno los días 19 y 20 de septiembre de 2024.

Este modelo implicará el establecimiento de un sistema garantista para todas las partes implicadas: ciudadanía, organización colegial y profesionales de la abogacía.

Artículo 24. Garantías de procedimiento en casos especiales.

1. Los Consejos Autonómicos de la Abogacía tendrán competencia para sancionar en materia deontológica: por la grave repercusión en el ámbito de la profesión o en el ámbito económico, o por producir un perjuicio económico a una generalidad de personas, en aquellos supuestos que trasciendan la competencia territorial de un colegio de la abogacía dentro de su Comunidad Autónoma. El Consejo General de la Abogacía Española será competente a este respecto en aquellas comunidades autónomas en que no se haya constituido un Consejo Autonómico de la Abogacía.

2. Los supuestos del apartado anterior que trasciendan la competencia territorial de dos o más Consejos Autonómicos se instruirán por el Consejo General de la Abogacía.

Novedad de la LODD.

Comentario: Se introduce como novedad la competencia de los Consejos Autonómicos para desarrollar procedimientos disciplinarios y acordar sanciones en el caso de conductas que trasciendan el ámbito territorial de un Colegio de la Abogacía.

Cuando el ámbito sea el de varios Consejos Autonómicos o afecte a varios Colegios que no hayan constituido Consejo Autonómico, esta competencia residirá en el CGAE.

Disposición adicional primera. Transparencia e información sobre la actividad deontológica.

El Consejo General de la Abogacía Española y el Consejo Autonómico competente, si su normativa lo prevé, publicarán información estadística sobre la aplicación del régimen disciplinario en el ámbito colegial. Esta información estadística será de acceso público en los portales de las instituciones colegiales.

Novedad de la LODD.

Normativa: Art. 74, letra c, del EGAE.

Comentario: Se establece una obligación al CGAE y, si su normativa propia lo prevé, también a los Consejos Autonómicos que doten de transparencia la materia deontológica con la obligación de publicar estadísticas en esta materia.

El EGAE ya prevé en la disposición antes citada que en la memoria anual que debe elaborar los colegios se incluirá c) Información agregada y estadística relativa a los procedimientos informativos y sancionadores en fase de instrucción o que hayan alcanzado firmeza, con indicación de la infracción a la que se refieren, de su tramitación y de la sanción impuesta en su caso, con pleno respeto de la legislación en materia de protección de datos de carácter personal.

Disposición adicional segunda. Servicio de orientación jurídica.

1. Los servicios de orientación jurídica organizados por los colegios de la abogacía tendrán como finalidad prestar a las personas toda la información relativa a la prestación de la asistencia jurídica, y en particular a los requisitos para el acceso al sistema de asistencia jurídica gratuita, de manera accesible universalmente y teniendo en cuenta a las personas más desfavorecidas de la sociedad.

2. Los poderes públicos promoverán y apoyarán los servicios creados por los colegios de la abogacía, en especial cuando los mismos tengan por objeto la atención a los colectivos en situación de vulnerabilidad, entre otros, mujeres víctimas de violencia de género, menores de edad, personas con discapacidad, personas de la tercera edad, extranjeros, o personas sin recursos económicos o privadas de libertad.

Normativa: art. 22 de la LAJG y 39 del RAJG.

Comentario: La LAJG, en el artículo 22, introdujo vía legal la obligación de disponer los Colegios de la Abogacía servicios de orientación jurídica, pero ya existían en aquella fecha, en algunos colegios.

Nada dice la norma (sería incluso un exceso reglamentista para una disposición de este rango) sobre el modo en que los Colegios han de proceder a esa "implantación" de los servicios de asesoramiento o de orientación jurídica. Pero es evidente que se trata de una obligación que impone el legislador a todos los Colegios de la Abogacía, que han de adoptar las decisiones organizativas correspondientes, de cara a instaurar, organizar y dotar de los medios necesarios a tales servicios. La obligación, además, ha de entenderse que es de cada Colegio, como corporación de derecho público dotada de personalidad jurídica propia y de autonomía organizativa y funcional.

Por tanto, estos pueden emplear los mecanismos que ofrece el ordenamiento jurídico para atender dicha obligación, siempre y cuando lo hagan de modo que se garantice el derecho de los peticionarios de asesoramiento, tal y como exige el art. 22 citado. Quiere decirse con ello que la autonomía colegial para la organización del servicio que la ley le impone implantar ha de cohonestarse con los derechos de los peticionarios o solicitantes de dicho asesoramiento, de manera que la atención y el asesoramiento sean efectivos. Podría entenderse que se trata para los Colegios de una obligación de resultado —la implantación del SOJ— unida a una obligación de medios —prestación efectiva del servicio de asesoramiento—.

El objetivo primordial de cualquier servicio de atención al ciudadano de los Colegios de la Abogacía, como los de orientación jurídica, en cualquiera de sus especialidades, incluso los de mediación, en tanto incluyen una parte de orientación y tramitación de la asistencia jurídica, es conseguir una buena comunicación y propiciar un diálogo ordenado con la ciudadanía que realiza la consulta o tramitación pueda aprovechar el tiempo limitado que se dispone ya la vez dar un servicio con mínimos uniformes de los letrados y letradas que hacen este servicio público o personales de los colegios ya sea hecho por letrados o letradas o incluso cuando se hecho por personal de los colegios, en la fase de tramitación.

La mayoría de los colegios a lo largo de estos años han creado servicios específicos para ofrecer una función estricta de orientación, especialmente para los colectivos vulnerables, como mujeres víctimas de maltrato, personas migrantes, personas con discapacidad, personas en prisión, etc. En algunas ocasiones estos servicios se han financiado con dinero público (normalmente a través de convenios específicos con las administraciones), pero en otras el servicio se ha sufragado con las cuotas colegiales; por ello, su inclusión en esta nueva Ley es de vital importancia para que todas y cada una de las administraciones contribuya a la creación y mantenimiento de estos servicios dirigidos a los colectivos vulnerables.

Disposición adicional tercera. Protección de la garantía de indemnidad de las personas trabajadoras.

1. Las personas trabajadoras tienen derecho a la indemnidad frente a las consecuencias desfavorables que pudieran sufrir por la realización de cualquier actuación efectuada ante la empresa o ante una actuación administrativa o judicial destinada a la reclamación de sus derechos laborales, sea ésta realizada por ellas mismas o por sus representantes legales.

2. Dicha protección se extiende al cónyuge, pareja de hecho y parientes hasta el segundo grado de consanguinidad o afinidad, que presten servicios en la misma empresa, aun cuando éstos no hubieran realizado la actuación conducente al ejercicio de sus derechos.

Comentario: Prevista también en el art. 12 de esta ley como mecanismo de protección del derecho de defensa, la garantía de indemnidad se extiende al círculo más cercano de la persona trabajadora: cónyuge, pareja de hecho y parientes hasta el segundo grado de consanguinidad o afinidad, que presten servicios en la misma empresa

Disposición adicional cuarta. Rehabilitación a antiguos guardias civiles.

1. Quedan rehabilitados de las sanciones de separación del servicio, en el sentido que más adelante se expresa, los militares de carrera de la Guardia Civil que fueron sancionados con anterioridad al 31 de octubre de 2001, tras la tramitación de los expedientes gubernativos números 4/89, 32/93, 47/93 y 48/93, que tenían entre sus causas de incoación la recogida en el apartado 3 del artículo 59 de la Ley Orgánica 12/1985, de 27 de noviembre,

de Régimen Disciplinario de las Fuerzas Armadas, por llevar a cabo acciones de promoción y defensa de intereses de naturaleza profesional, en un ámbito distinto al del derecho de asociación profesional.

2. La rehabilitación de las referidas sanciones de separación del servicio se realizará a instancia de los mencionados en el apartado 1 o sus causahabientes, en un plazo máximo de dos meses desde la entrada en vigor de la norma, con reconocimiento del empleo que les hubiera correspondido por antigüedad. El tiempo de separación del servicio les será computado a todos los efectos, con excepción de la percepción de haberes. No obstante, se procederá a actualizar las pensiones que se vieran afectadas por este reconocimiento de servicios.

3. Los guardias civiles a los que se refiere la presente disposición pasarán a retiro en el caso que por edad les correspondiera el pase a otra situación administrativa prevista en la Ley 29/2014, de 28 de noviembre, de Régimen de Personal de la Guardia Civil.

Disposición adicional quinta. Garantía de los derechos ante los órganos con jurisdicción en todo el Estado.

El Ministerio de la Presidencia, Justicia y Relaciones con las Cortes habilitará los medios técnicos necesarios para hacer efectivo el ejercicio de los derechos reconocidos ante los órganos con jurisdicción en todo el Estado contemplados en el apartado d) del artículo 10 de la presente ley.

Disposición transitoria. Régimen transitorio para la compensación de asistencia jurídica.

Hasta que se proceda a la modificación del Real Decreto 141/2021, de 9 de marzo, por el que se aprueba el Reglamento de asistencia jurídica, en el supuesto del artículo 2.l) de la Ley 1/1996, de 10 de enero, de asistencia jurídica gratuita, se aplicarán los módulos y bases de compensación económica correspondientes a la jurisdicción penal en función del procedimiento de que se trate.

Comentario: Es necesaria la inmediata modificación del RAJG, no solo para incluir en los módulos y bases de compensación la modificación realizada en la disposición final tercera de esta norma, sino para el abono de todas las actuaciones que realizan los profesionales de la Abogacía que prestan los servicios de justicia gratuita.

Disposición final primera. Modificación del Real Decreto de 14 de septiembre de 1882 por el que se aprueba la Ley de Enjuiciamiento Criminal.

Se modifica el artículo 495 del Real Decreto de 14 de septiembre de 1882 por el que se aprueba la Ley de Enjuiciamiento Criminal, que pasa a tener la siguiente redacción:

«Artículo 495.

No se podrá detener por la presunta comisión de delitos leves, a no ser que el presunto reo no tuviese domicilio conocido ni diese fianza bastante, a juicio de la autoridad o agente que intente detenerle.»

Disposición final segunda. Modificación de la Ley Orgánica 6/1984, de 24 de mayo, reguladora del procedimiento de «Habeas Corpus».

Se modifica el artículo tercero de la Ley Orgánica 6/1984, de 24 de mayo, reguladora del procedimiento de «Habeas Corpus», que queda redactado como sigue:

«Artículo tercero.

Podrán instar el procedimiento de "Habeas Corpus" que esta ley establece:

a) El privado de libertad, su cónyuge o persona unida por análoga relación de afectividad, descendientes, ascendientes, hermanos y, en su caso, respecto a los menores, sus representantes legales, y respecto a las personas con discapacidad con medidas de apoyo judiciales, la persona que preste su apoyo con facultad de representación específica para este acto concreto.

b) El Ministerio Fiscal.

c) El Defensor del Pueblo.

d) El abogado defensor del privado de libertad.

Asimismo, lo podrá iniciar, de oficio, el Juez competente a que se refiere el artículo anterior.»

Normativa: Art. 17 de la CE.

Comentario: Era necesaria la legitimación del abogado defensor para instar el procedimiento de habeas corpus.

El papel del abogado en este procedimiento es de vital importancia y ello, entre otras razones, porque el concepto de seguridad jurídica acompaña el derecho a la libertad. La seguridad jurídica consiste en determinar los supuestos y los requisitos legales para privar de libertad a las personas. Se desprende de ello que la privación de libertad debe de ser concebida como una excepción y debe hacerse con respecto a la exigencia de legalidad. El segundo inciso del art. 17.1 CE establece que: "*nadie puede ser privado de su libertad, sino en los casos y en la forma previstos en la ley.*"

Recuerda el TC, en el Auto 255/2007 de 23 de mayo de 2007, que en el proceso penal el derecho de asistencia letrada tiene una especial proyección por dos motivos: uno, la complejidad técnica de las cuestiones jurídicas que en él se debaten, y dos, la relevancia de los bienes jurídicos que pueden verse afectados (SSTC 233/1998, de 1 de diciembre, y 162/1999, de 27 de septiembre). Y en esta línea afirma que el mandato legal de defensa por medio de Abogado en el proceso penal es una garantía de su correcto desenvolvimiento, que pretende asegurar, en particular, la ausencia de coacciones durante el interrogatorio policial y, en general, la igualdad de las partes en el juicio oral, siendo ello lo que justifica que la asistencia letrada "*ha de ser proporcionada en determinadas condiciones por los poderes públicos, por lo que la designación de tales profesionales se torna en una obligación jurídico-constitucional que incumbe singularmente a los órganos judiciales*" (SSTC 47/1987, 139/1987, 135/1991 y STC 132/1992.

Es interesante destacar la STC Sala 1 de 25 febrero 2008, en la que se promueve amparo frente al auto que denegó la incoación de "habeas corpus" del recurrente por haberlo interpuesto su abogado. El TC estima lesionado su derecho a la libertad personal. Y, ello porque el Letrado no actuó en su propio nombre sino en el del recurrente y, en segundo lugar, afirma que no es posible fundamentar la improcedencia de la inadmisión en que el recurrente no se encontraba ilícitamente privado de libertad, pues el contenido propio del "habeas corpus" es determinar la licitud o ilicitud de dicha privación. En el mismo sentido se pronuncian las SSTC 61/2003, de 24 de marzo y SSTC 224/1998, de 24 de noviembre.

Disposición final tercera. Modificación de la Ley 1/1996, de 10 de enero, de asistencia jurídica gratuita.

Se modifica la letra g) y se introduce una nueva letra l) en el artículo 2 de la Ley 1/1996, de 10 de enero, de asistencia jurídica gratuita, con la siguiente redacción:

«g) En el ámbito concursal, se reconoce el derecho a la asistencia jurídica gratuita, para todos los trámites del procedimiento especial, a los deudores personas físicas o jurídicas que tengan la consideración de microempresa en los términos establecidos en el texto refundido de la Ley Concursal, a los que resulte de aplicación el procedimiento especial previsto en su libro tercero, siempre que acrediten insuficiencia de recursos para litigar.

Igualmente, en el ámbito concursal, los sindicatos estarán exentos de efectuar depósitos y consignaciones en todas sus actuaciones y gozarán del beneficio legal de justicia gratuita cuando ejerciten un interés colectivo en defensa de las personas trabajadoras y beneficiarias de la Seguridad Social.»

«l) En el orden penal, las personas jurídicas, cuando por requerimiento judicial haya de designarse defensa letrada y, en su caso, representación procesal, siempre que la sociedad haya sido declarada judicialmente en situación de insolvencia actual o inminente, se encuentre en concurso de acreedores o no conste actividad económica en el último ejercicio cuando, en este último caso, la sociedad se halle disuelta o en trámite de disolución por las causas y por el procedimiento legalmente previsto para ello.»

Comentario: Esta disposición viene a atender una reivindicación que desde hace tiempo se viene realizando desde la Abogacía, en el sentido de que se incluyan en la LAJG las modificaciones realizadas por el legislador que han afectado al ámbito subjetivo de la Ley. En concreto, la LO 5/2010, de 22 de junio, que introdujo la responsabilidad penal de la persona jurídica en nuestro ordenamiento jurídico; y la Ley 16/2022, de 5 de septiembre, de reforma de la Ley Concursal y que introdujo *ex novo* un procedimiento especial, de carácter obligatorio y exclusivo para los deudores/microempresas.

Sin embargo, desde la Abogacía se sigue considerando esencial promulgar una nueva LAJG, adecuada al momento actual y a las modificaciones legislativas que ya se han producido o se van a producir en el futuro.

Disposición final cuarta. Modificación de la Ley 52/1997, de 27 de noviembre, de Asistencia Jurídica al Estado e Instituciones Públicas.

La Ley 52/1997, de 27 de noviembre, de Asistencia Jurídica al Estado e Instituciones Públicas, queda modificada como sigue:

Uno. Se modifica la disposición adicional tercera, que queda redactada del siguiente modo:

«Disposición adicional tercera. Entidades Gestoras y Servicios Comunes de la Seguridad Social.

Los artículos 2, 4 a 9 y 11 a 16 de la presente Ley serán de aplicación al ámbito de las Entidades Gestoras y Servicios Comunes de la Seguridad Social en la medida en que, atendida la naturaleza de las mismas y lo dispuesto por las leyes vigentes, aquellos preceptos que les sean aplicables, si bien las referencias contenidas en aquellos a los abogados del Estado y a la Abogacía General del Estado, al Servicio Jurídico del Estado o a la Dirección del Servicio Jurídico del Estado, se entenderán efectuadas, respectivamente, a los letrados de la Administración de la Seguridad Social, al Servicio Jurídico de la Administración de la Seguridad Social o a la Secretaría de Estado de la Seguridad Social.»

Dos. Se introduce una nueva disposición adicional séptima con la siguiente redacción:

«Disposición adicional séptima. Aplicación de la Ley Orgánica del derecho de defensa a la asistencia jurídica al Estado e instituciones públicas.

1. En la asistencia jurídica letrada que presten los abogados del Estado, los letrados de las Cortes Generales, los letrados de la Administración de la Seguridad Social y los restantes letrados previstos en la presente ley:

a) Actuarán con libertad de criterio técnico con sujeción en todo caso a las instrucciones emanadas por el centro directivo que ejerza la dirección de la asistencia jurídica, en el marco del principio de unidad de doctrina.

b) Les serán de aplicación los artículos 16, 17 y 18 de la Ley Orgánica del derecho de defensa.

c) Adecuarán su conducta a las normas éticas vigentes en la administración o entidad pública respectiva y a los criterios derivados de los principios deontológicos, y cumplirán con las exigencias derivadas de los principios de buena fe, lealtad, confidencialidad y colaboración con la Administración de Justicia.

2. En caso de conflicto de intereses, se atenderá necesariamente la asistencia jurídica letrada que deba prestarse por norma legal o reglamentaria, salvo que el supuesto de conflicto se contemple en una norma legal que lo regule de forma expresa o que exista autorización expresa de ambas partes.

3. El personal al servicio del Estado, de los órganos constitucionales y de las administraciones públicas o entidades públicas que asuma en virtud de esta ley las funciones de asistencia jurídica letrada está dispensado de la obligación de colegiación y no quedará sometido al régimen disciplinario colegial. La garantía institucional del ejercicio de la función de asistencia jurídica letrada y el régimen disciplinario de estos empleados públicos corresponderán a los centros directivos que dirigen los servicios jurídicos en los que se integren.»

Disposición final quinta. Modificación de la Ley 8/2021, de 2 de junio, por la que se reforma la legislación civil y procesal para el apoyo a las personas con discapacidad en el ejercicio de su capacidad jurídica.

Se modifica la disposición transitoria quinta, que pasará a tener la siguiente redacción:

«Disposición transitoria quinta. Revisión de las medidas ya acordadas.

Las personas con capacidad modificada judicialmente, los declarados pródigos, los progenitores que ostenten la patria potestad prorrogada o rehabilitada, los tutores, los curadores, los defensores judiciales y los apoderados preventivos podrán solicitar en cualquier momento de la autoridad judicial la revisión de las medidas que se hubiesen establecido con anterioridad a la entrada en vigor de la presente Ley, para adaptarlas a esta. La revisión de las medidas deberá producirse en el plazo máximo de un año desde dicha solicitud.

Para aquellos casos donde no haya existido la solicitud mencionada en el párrafo anterior, la revisión se realizará por parte de la autoridad judicial de oficio o a instancia del Ministerio Fiscal en un plazo máximo de seis años.

Para la tramitación de estos procedimientos de revisión los órganos judiciales se podrán auxiliar de herramientas tecnológicas que permitan obtener de manera automatizada la información sobre el fallecimiento de la persona interesada, en su caso.»

Disposición final sexta. Disposiciones con carácter de ley ordinaria.

Tienen carácter de ley ordinaria los apartados 2, 4 y 5 del artículo 4, el artículo 5, el apartado 2 del artículo 6, los artículos 8, 9, 10 y 11, el Capítulo III, excepto los artículos 16 y 17, el Capítulo IV, las disposiciones adicionales, la disposición transitoria y las disposiciones finales tercera, cuarta y quinta.

Disposición final séptima. Títulos competenciales.

Esta ley orgánica se dicta al amparo del artículo 149.1. 1ª, 5ª, 6ª y 18ª de la Constitución Española, que reserva al Estado la competencia exclusiva para la regulación de las condiciones básicas que garanticen la igualdad de todos los españoles en el ejercicio de los derechos y en el cumplimiento de los deberes constitucionales, y en materia de Administración de Justicia, de la legislación procesal y de procedimiento administrativo común respectivamente.

Disposición final octava. Habilitación para el desarrollo reglamentario.

Se habilita al Consejo de Ministros y a la persona titular del Ministerio de la Presidencia, Justicia y Relaciones con las Cortes, en el ámbito de sus competencias, para dictar cuantas disposiciones reglamentarias sean necesarias para el desarrollo de esta ley, así como para acordar las medidas necesarias para garantizar su efectiva ejecución e implementación.

Disposición final novena. Entrada en vigor.

Esta ley orgánica entrará en vigor a los veinte días de su publicación en el «Boletín Oficial del Estado».

Comentario: Entrada en vigor el 4 de diciembre de 2024.